Münsterschwarzacher Kleinschriften

herausgegeben

von den Mönchen der Abtei Münsterschwarzach

Band 124

W0463815

Basilius Doppelfeld

Loslassen und neu anfangen

Vier-Türme-Verlag

2. überarbeitete und aktualisierte Auflage 2002
© Vier-Türme GmbH, Verlag Münsterschwarzach 2000
Alle Rechte vorbehalten
Umschlaggestaltung: Morian & Bayer-Eynck, Coesfeld
Umschlagmotiv: Morian & Bayer-Eynck, Coesfeld
Gesamtherstellung: Benedict Press, Münsterschwarzach

Die Deutsche Bibliothek – CIP-Einheitsaufnahme
Doppelfeld, Basilius:
Loslassen und neu anfangen / Basilius Doppelfeld.
Münsterschwarzach: Vier-Türme-Verlag, 2000
(Münsterschwarzacher Kleinschriften; Bd. 124)
ISBN 3-87868-624-2
ISSN 0171-6360

Inhalt

Vorwort

Anfangen, Bleiben, Lassen sind drei Stadien einer Entwicklung, die Abschnitte eines Weges im übertragenen Sinn, auch wenn das Bleiben keine Bewegung zu sein scheint, aber doch gerade in der Spannung von Anfangen und Lassen etwas Dynamisches hat. Im Anfangen, Bleiben und Lassen findet der Mensch sich wieder und sieht sein Leben umschrieben, ja gedeutet – dieses eigenartige Hin und Her von Bewegung und Stillstand, von Wechsel und Beharren, das durchaus nicht immer sein eigenes Werk und Wollen ist.

Diese drei Stadien oder Stufen sind nicht beliebig angeordnet und deshalb in ihrer Reihenfolge auch nicht beliebig austauschbar. Sie gehören zu einem Prozeß, der sich ungezählte Male im Leben eines Menschen vollzieht, durchaus nicht immer bewußt gemacht oder bewußt vollzogen. Manchmal hat es vielmehr den Eindruck, als würde der Mensch diesen Weg geführt und erst im nachhinein – wenn überhaupt – erkennen, daß es um ihn, um seinen persönlichen Lebensweg geht; ja daß er es ist, der da geht; der auf einem Weg voranschreitet und sich dabei entwickelt. Unser ganzes Leben können wir in diesen drei Schritten oder Stadien erkennen und deuten, unseren gesamten persönlichen Lebensweg im Anfangen, Bleiben und Lassen wiederfinden und unseren momentanen Zustand mehr oder weniger treffend mit einem dieser drei Schritte bezeichnen und erfassen.

Dieses einfache – vielleicht auf den ersten Blick zu vereinfachende – Schema ist mir persönlich eines Tages aufgegangen, und zwar als ich mich mit dem »Anfangen« beschäftigt habe, konkret beim Schreiben des Büchleins »Christsein heißt anfangen«, das 1990 erschienen und mittlerweile vergriffen ist. Gelegentlich habe ich dieses Thema in Wochenendkursen und als Teil von Exerzitien aufgegriffen und bin dabei bereits auf die beiden anderen Themen, auf das Bleiben und das Lassen zu sprechen gekommen. Daraus entstanden zwei Bändchen in der Reihe der »Münsterschwarzacher Kleinschriften«: 1996 die Kleinschrift Band 96 mit dem schlichten Titel »Bleiben« und noch im gleichen Jahr die Kleinschrift Band 101 mit dem Titel »Lassen«.

Was hier in der Folge zu diesen beiden Themen ausgeführt wird, ist aber nicht einfach eine Wiederholung oder Kurzfassung des an anderer Stelle bereits Gesagten bzw. Geschriebenen, sondern führt dieses weiter und stellt es in den Kontext der drei Schritte oder Stadien »Anfangen – Bleiben – Lassen« als Ganzes, als Bewegung, in der sich unser Leben vollzieht, ja in der wir lebendig werden und uns immer mehr die Vielgestaltigkeit des Lebens, auch unseres persönlichen Lebens, aufgeht. Jeder dieser drei Schritte stellt eine eigene Herausforderung an uns dar; jeder dieser drei Schritte muß bewußt getan werden, um zum nächsten Stadium voranzukommen: im persönlichen Leben wie im Miteinander von Menschen, mag es sich um ein Ehepaar handeln, vielleicht auch um eine Familie oder um eine religiöse Gemeinschaft. Schon darin zeigt sich, daß es sich bei dieser Bewegung in und mit den Stationen »Anfangen, Bleiben und Lassen« um eine allgemein menschliche Aufgabe handelt, die sich – bewußt oder kaum bewußt – jedem Menschen und jeder Gemeinschaft irgendwann und in irgendeiner Form stellt.

In diesem Büchlein werden deshalb auch keine fertigen Rezepte angeboten, keine Modelle, wie man sich in dieser oder jener Situation verhalten muß, um nicht stecken- oder stehenzubleiben auf seinem Lebensweg, in seiner persönlichen Entwicklung. Diese Kleinschrift ist kein Rezeptbuch, in dem man nachschlagen kann und fertige Antworten oder Verhaltensmuster findet. Sie will vielmehr anleiten, die Struktur des Anfangens, Bleibens und Lassens im eigenen Leben und Verhalten zu entdecken, den persönlichen Standpunkt zu bestimmen und den nächsten Schritt, ja den weiteren Weg zu erkennen und zu tun. Deshalb sollte sich der Leser und die Leserin – wenigstens am Anfang – auf sich selbst beschränken, das heißt lernen, sich selbst zu erkennen, richtig einzuschätzen und entsprechend zu reagieren. Nur was man selbst erfahren, an sich selbst erlebt und verändert hat, kann vielleicht für jemand anderen Anstoß und Hilfestellung sein, den eigenen Weg weiterzugehen und sich dabei selbst zu vergewissern über das persönliche Anfangen, Bleiben und Lassen.

Diesen Weg zu gehen, setzt Mut voraus. Denn das, was man an und bei sich selbst erkennt, was einem in der Anwendung dieses Drei-Schrittes auf das eigene Leben bewußt und deutlich wird, ist nicht nur angenehm, sondern wie Selbsterkenntnis überhaupt auch manchmal schmerzlich, weil es desillusionierend ist. Doch gerade dann ist es wichtig, nicht aufzuhören oder aufzugeben; nicht dieses Büchlein mit seinen Fragen und Anregungen zuzuklappen und wegzulegen, sondern sich ihm zu stellen, weil es versucht, uns mit uns selbst zu konfrontieren: mit unserer bisherigen Entwicklung, mit unseren Schwächen ebenso wie mit unseren Stärken, mit dem, was gelungen ist, und mit dem, womit wir nicht weiterkommen, ja wovor wir uns vielleicht drücken.

Es empfiehlt sich, dieses Büchlein von vorne bis hinten ganz zu lesen. Es ist aber auch möglich, daß eine Überschrift, ein Thema oder ein Gedanke bereits beim Durchblättern die Aufmerksamkeit auf sich zieht. Dann kann man ruhig an dieser Stelle mit der Lektüre beginnen – vorausgesetzt, man stellt den Zusammenhang mit dem Ganzen her, betrachtet die drei Schritte oder Stadien als Ganzes. Denn sie bilden so etwas wie den persönlichen inneren Weg, den man zurücklegen muß, um bei sich selbst anzukommen; das bedeutet: um der oder die zu werden, der oder die ich werden soll, um ein ganzer Mensch zu sein, um reif mein Menschsein verwirklicht zu haben.

Einführung: Drei einzelne Schritte – ein gemeinsamer Zyklus

Drei Schritte auf einem Weg, die einen Kreis bilden, eine einzige Bewegung darstellen, kommen unausweichlich zum Anfang zurück. Bei den drei Schritten des Anfangens, Bleibens und Lassens handelt es sich nicht um eine lineare Bewegung, die auf- oder absteigt, sondern um einen Kreis, dessen Stationen mehrmals gegangen, ja wiederholt oder wieder aufgegriffen werden können und wohl auch müssen. Das muß bedacht und im Hinterkopf behalten werden, wenn in der Folge nacheinander von den drei Schritten die Rede ist und erst später die Beziehungen und Zusammenhänge aufgezeigt werden.

Dem aufmerksamen Leser werden sich schon im ersten Durchgang Zusammenhänge zeigen, ja aufdrängen, vor allem wenn die folgenden Ausführungen nicht nur mit einem akademischen Interesse, sondern im persönlichen Kontext gelesen, aufgenommen und dadurch verlebendigt und verinnerlicht werden. Die drei Schritte bilden einen persönlichen inneren Weg, meinen Weg, den ich zurücklegen muß, um bei mir anzukommen; das bedeutet: um der Mensch zu werden, der ich werden soll – und auch kann.

Ich muß diesen Weg gehen; und ich muß ihn mehrmals gehen: Bei einem einzigen Gehen ist noch nicht alles erfahren, noch nicht alles erforscht. Es ist *ein* Weg, *ein* Kreis, in dem die Schritte aufeinander folgen. Es ist der innere Weg, der persönliche Weg, mein Weg, den ich gehe.

I. Anfangen

»Aller Anfang ist schwer«, sagt das Sprichwort, und darin steckt zweifellos eine tiefe Weisheit, die durch vielfältige Erfahrung belegt ist. Es gibt aber auch die gegenteilige Erfahrung: »Nichts ist leichter, als anzufangen.« Können wir noch anfangen? Stecken wir nicht schon längst drin: in unserem Leben mit seinen Verbindungen und Verstrickungen, mit seiner Geschichte, die zugleich Last ist und uns nicht selten die Lust zum Anfangen, zum Probieren von etwas Neuem nimmt oder madig macht? Zudem setzen wir selbst ja gar nicht den Anfang; das haben andere vor uns getan, sonst gäbe es uns gar nicht. Unsere Eltern haben uns in die Welt gesetzt; wir wurden nicht gefragt – und mancher hat mit seinem Schicksal darunter zu leiden und stößt sich daran, daß er da ist und so ist, ohne gefragt worden zu sein.

Aber irgendwann kam der Zeitpunkt, an dem wir uns unserer selbst bewußt geworden sind und verstanden haben, daß wir für uns selbst verantwortlich sind, daß wir anfangen müssen, bewußt zu leben, unser Leben selbst zu gestalten. Wir mußten uns – und müssen uns immer wieder neu – selbst entscheiden und selbst bestimmen. Wir mußten – und das ohne uns dessen ganz bewußt zu sein und die Folgen abschätzen zu können – die Weichen für unser zukünftiges Leben stellen, wohl mehr ahnend als wissend, daß wir hinter diese Entscheidungen und Erfahrungen nie mehr ganz zurück können. Nicht alles, was wir begonnen haben, konnten wir durchhalten und weiterführen: manches war es wohl auch nicht wert. So machten wir mit dem Bleiben und auch schon mit dem Lassen Erfahrungen, mußten uns korrigieren oder wurden korrigiert. Daraus entstand dann auch schon ein Neuanfang.

Wir sind also diesen humanen, pädagogischen und spirituellen Drei-Schritt schon gegangen, ohne daß wir uns dessen wohl bewußt wurden. Wir hatten schon Erfahrungen mit der Treue, mit dem Aufgeben und dem Verzichten gemacht. So nahe liegen schon bei den ersten Erfahrungen die drei Schritte nebeneinander bzw. folgen schnell aufeinander. Mit jedem neuen Schritt in der Gestaltung unseres persönlichen Lebens haben wir die Erfahrung des Anfangens gemacht, aber eben nicht nur diese Erfahrung.

Mit diesen Schritten und Erfahrungen stehen wir nicht allein. Allen Menschen zu allen Zeiten – soweit wir das im Blick auf die Geschichte der Menschheit sagen können – geht es im Grunde gleich: auch sie sind oder waren Anfänger. Als Beispiel können uns die Menschen gelten, die Jesus begegnet sind. Mit ihnen gemeinsam haben wir das Suchen und das Ringen um den Glauben. Was wir an ihnen bestaunen und worauf wir vielleicht sogar neidisch sind, ist die Tatsache, daß die Begegnung mit Jesus in ihnen etwas aufgebrochen hat; daß sie hinterher nicht mehr dieselben waren wie zuvor. Jesus hat in ihnen etwas geweckt, etwas bewirkt, das zur Entscheidung und Scheidung geführt hat. Das zeigt sich am dichtesten dort, wo auf Jesu Wort und Wirken hin sich die einen abwenden und die anderen umso gefestigter sind.

Der Evangelist Johannes berichtet in den Versen 6,60–69 von solch einer Begebenheit der Scheidung unter den Jüngern. Viele von ihnen stellen fest: »Was er sagt, ist unerträglich« (Johannes 6,60) Die Übriggebliebenen, die ›Zwölf‹, werden von Jesus geradezu provoziert: »Wollt auch ihr weggehen?« (Johannes 6,67). Der neue Anfang des Glaubens, der zum Bleiben, zur Gemeinschaft mit Jesus führen soll, ist plötzlich in Frage gestellt, und Hals über Kopf verlassen einige der Jünger Jesus.

Es ist tröstlich, daß auch die Jünger, die Menschen, die Jesus am nächsten standen, ja die er sich selbst ausgesucht hatte, Anfänger waren, mit allen Vor- und Nachteilen, die solche Menschen zu haben pflegen.

Die spontanen Menschen

Zu ihnen gehören zweifellos viele der ersten Jünger. Das Markusevangelium schildert sie uns anschaulich: »Als Jesus am See von Galiläa entlang ging, sah er Simon und Andreas, den Bruder des Simon, die auf dem See ihr Netz auswarfen; sie waren nämlich Fischer. Da sagte er zu ihnen:

Kommt her, folgt mir nach. Ich werde euch zu Menschenfischern machen. Sogleich ließen sie ihre Netze liegen und folgten ihm.« (Markus 1,16–18) Das klingt zu gut, ja unwahrscheinlich. Vielleicht hat der Evangelist Markus ja nur das Wesentliche herausarbeiten wollen: die Unbedingtheit des Rufes und der Antwort, die Bereitschaft dieser jungen Männer, sich ganz auf etwas Neues einzulassen, ohne alle Folgen abschätzen und wägen zu können. Diese spontane Entscheidung hat ihr ganzes Leben verändert; nichts war mehr wie vorher.

Ähnlich ging es den Hirten auf den Feldern von Bethlehem in der Nacht, als Jesus geboren wurde: Auch sie mußten dabeisein, nicht allein aus Neugier, sondern aus wirklichem Interesse, aus einer Solidarität, wie sie wohl nur unter kleinen Leuten möglich ist, die wissen, daß Solidarität lebenswichtig ist. Menschen wie die Hirten von Bethlehem sind offen und zugänglich für Neues, vor allem für Verheißungen, für Zeichen der Hoffnung. Solche Menschen schauen tiefer, sehen im Säugling in der Krippe bereits den verheißenen Erlöser und Heiland – und glauben an das Unglaubliche der Frohen Botschaft. Sie spielen in den Evangelien keine große Rolle; aber sie gehören zu denen, die am tiefsten erfassen, was dort geschieht, und am meisten Phantasie haben – gerade weil sie so arm, so am Rande sind –, sich vorzustellen, was sein kann und sein wird. Die Hirten von Betlehem sind eine positive Verkörperung des Mottos »Dabeisein ist alles«.

Der schwierige Anfang

Auffallend zahlreich sind in den Evangelien die Menschen, die sich schwer tun mit dem Anfangen. Diesbezüglich sind die Evangelien offensichtlich ein Abbild der Gesellschaft, damals wie heute.

Das sind die Menschen, die lange brauchen, um zu überlegen, zu planen und abzuschätzen: wie der Mann, der einen Turm bauen will (vgl. Lukas 14,28–30). Er rechnet und rechnet – und kann doch nicht alles in Rechnung stellen und alles berechnen. Aus Angst, zum Spott der Leute zu werden, die nur darauf zu warten scheinen, daß er sich verrechnet und scheitert, kommt er nicht zur Ruhe und wird nicht fertig. Wir alle kennen solche Menschen, die lange überlegen und doch ihrer Sache nicht sicher werden und unglücklich sind.

Anders die Leute, die mit den Vorbereitungen nicht fertig werden. Immer fehlt noch etwas. Im letzten Moment fällt ihnen ein, daß dieses oder jenes noch gebraucht wird – aber es ist nicht aufzufinden, in der Hektik vielleicht verlegt; ganz zu schweigen von den Dingen, die schlicht vergessen worden sind. Auch solche Menschen gab es schon zur Zeit Jesu, und er selbst schildert sie im Gleichnis von den fünf klugen und den fünf törichten Jungfrauen (vgl. Matthäus 25,1–13). Die einen hatten zu ihren Lampen noch Öl in Krügen mitgenommen; die anderen stehen plötzlich mit leeren Händen da, versuchen das Öl der inneren Bereitschaft und Sehnsucht zu kaufen und verpassen so das Kommen des Bräutigams. So sind sie buchstäblich ausgeschlossen, nicht nur vom Mahl und von der Hochzeit, sondern von dem, wofür diese beiden Begriffe stehen: von der Begegnung und Verbindung mit Gott. Darauf kann sich der Mensch nur selbst vorbereiten; dieses Öl gibt es nicht zu kaufen, man muß es selbst herstellen.

Besonders schwierig ist das Anfangen für einen Menschen, von dem das Johannesevangelium berichtet: Ein gelähmter Mann, der seit 38 Jahren auf seine Heilung wartet, darauf, daß ein anderer ihm hilft, als erster in den Teich Betesda zu steigen, wenn das Wasser aufwallt und seine heilende Kraft entfaltet (vgl. Johannes 5,1–9). Er ist ganz auf diesen Moment fixiert und kann sich nicht vorstellen, daß ihm Heilung und Neuanfang auf andere Weise geschenkt werden können als durch das Wasser des Teiches. Er sucht Hilfe nur bei anderen und ist mit jedem Zuspätkommen aufs neue frustriert. Das klingt durch in seiner etwas weinerlichen und vorwurfsvollen Antwort auf Jesu Frage, ob er geheilt werden möchte: »Ich habe keinen Menschen, der mich, sobald das Wasser aufwallt, in den Teich trägt. Während ich mich hinschleppe, steigt schon ein anderer vor mir hinein.« (Johannes 5,7) Umso überraschender ist das Geschenk der Heilung durch Jesu Wort: »Steh auf!« Klingt das nicht wie die Aufforderung: Nimm dein Leben selbst in die Hand! Warte nicht darauf, daß andere dir helfen! Dieses Fixiertsein auf den einen Weg, die einzige Möglichkeit, die Hilfe von außen, steht für einen besonders schwierigen Anfang, für eine Verkrampfung des Menschen: So muß es sein, und anders kann (ja darf?) es nicht sein. Hier steht der Neuanfang gleichsam unter einer Bedingung.

Zu denen, die sich mit dem Anfangen schwer getan haben, gehören einige, deren Namen nicht nur jedem Christen vertraut sind, sondern die zweifellos im Reich Gottes einen guten Platz haben. Da ist zum Beispiel Zachäus zu nennen (vgl. Lukas 19,1–10). Auch er kann nicht so, wie er möchte. Er kann – wenigstens zunächst – nicht über seinen Schatten springen, kann also nicht neu anfangen. Er traut sich nicht, denn schließlich ist er eine Respektsperson, übt ein Amt aus, hat Macht und Geld. Aber Ansehen hat er nicht, denn er ist ein Kollaborateur, einer, der gemeinsame Sache mit dem Feind macht, der römischen Besatzungsmacht. Und zudem ist er noch schüchtern, was vielleicht mit seiner kleinen Gestalt zusammenhängt. Er tut sich schwer, obwohl er viel Geld hat; denn nicht alles läßt sich kaufen. Das muß er immer wieder erfahren.

Irgendwie spürt er, daß dieser Jesus, von dem man soviel erzählt – und seine Zollstelle, an der viele Wege sich kreuzen, ist ein beliebter Umschlagplatz für Nachrichten und Gerede –, den Menschen ins Herz sehen kann. Vielleicht würde Jesus ja auch den Zachäus verstehen, den guten Kern in ihm sehen. So riskiert er, der klein von Gestalt ist, sich lächerlich zu machen in seinem Versteck auf dem Baum. Aber es kommt alles anders: Jesus spricht ihn nicht nur an; er lädt sich bei ihm ein, bittet ihn, den Verachteten, um eine Gefälligkeit. Das verwandelt den Zachäus vollständig: Die Ersatzbefriedigung durch das Geld braucht er nicht mehr. Er hat Freundschaft erfahren, weil Jesus sie ihm geschenkt hat – ohne Bedingung und Bezahlung – und weil Jesus den guten Kern in ihm gesehen hat.

Da hat sich Thomas (vgl. Johannes 20, 24–29), der zum engsten Kreis um Jesus gehörte, schon schwerer getan. Er ist zutiefst verletzt: Er hatte so an diesen Jesus von Nazaret geglaubt, hatte seinen Worten begierig gelauscht, hatte die Zeichen und Wunder gesehen, die Jesus wirkte, hatte sich anstecken lassen von den Worten über das kommende Reich Gottes. Und dann das: Dieser Jesus läßt sich verhaften, schmähen und schlagen. Am Ende stirbt er den schmählichen Tod am Kreuz. Er wehrt sich nicht, ist plötzlich so ganz anders, als er vorher war. Oder hatten sie ihn nur nicht richtig gesehen, waren sie an der Oberfläche geblieben, hatten seine Worte vom Leiden und Sterben verdrängt? Es tut nichts so weh wie enttäuschte Liebe. Und davon hatte Thomas viel.

Plötzlich heißt es: Jesus lebt! Das ist zu schön, um wahr zu sein. Thomas möchte nicht noch einmal getäuscht und enttäuscht werden. Er will Sicherheit, keine neuen Schmerzen; er stellt Bedingungen: »Wenn ich nicht die Male der Nägel an seinen Händen sehe und wenn ich meinen Finger nicht in seine Seite lege, glaube ich nicht.« (Johannes 20,25) Und dann steht Jesus plötzlich vor ihm, erfüllt dem Thomas seinen Wunsch, so daß dieser nur stammeln kann, aber auch den Tadel hören muß: »Weil du gesehen hast, glaubst du. Selig sind, die nicht sehen und doch glauben.« (Johannes 20,29)

Wie oft hören wir den Einwand oder die Ausrede: »Das kann ich nicht«? Wie oft reagieren wir selbst so? Ist es nicht manchmal eher eine Schutzbehauptung als ein ehrliches Eingeständnis persönlicher Unfähigkeit? Dabei hatte der Mann, der da auf Jesus zuläuft und ihm zu Füßen fällt, gute Absichten: »Was muß ich tun, um das ewige Leben zu gewinnen?« (Markus 10,17–22) Offensichtlich war der Mann ein Suchender, kein Anfänger mehr, denn es heißt schon etwas, wenn einer von sich sagen kann: »Alle diese Gebote habe ich von Jugend an befolgt.« (Markus 10,20) Aber auch dieser Mann hatte seine Grenzen – und gerade über diese wollte ihm Jesus verhelfen, damit er den entscheidenden Schritt tut, der ihm noch fehlt, um das ewige Leben, die Fülle des Lebens zu erreichen: »Eines fehlt dir noch: Geh, verkaufe, was du hast, gib das Geld den Armen, und du wirst einen bleibenden Schatz im Himmel haben; dann komm und folge mir nach.« (Markus 10,21)

Und genau an diesem Punkt setzt die Ernüchterung ein: »Der Mann aber war betrübt, als er das hörte, und ging traurig weg; denn er hatte ein großes Vermögen.« (Matthäus 10,22) Das war buchstäblich zuviel des Guten: Der Mann meinte es ernst; aber er hatte auch seine ganz persönlichen Grenzen; und deshalb setzte er in seinem Suchen sich selbst und damit auch seinem Gott Grenzen, vielleicht ohne sich dessen wirklich bewußt zu sein. Neu wollte er werden, aber nicht ganz, doch wenigstens ein bißchen. Und das genügt nicht. Neu werden kann er so nicht; er bleibt doch der Alte, weil er dem Alten und Vertrauten doch zu sehr verhaftet ist. So geht es vielen.

»Das kann ich nicht«, hat der eine eingestehen müssen. »Das ist unmöglich«, sagt der andere, Nikodemus nämlich, dieser suchende und erfahrene Mensch. »Wenn jemand nicht von neuem geboren wird, kann er das Reich Gottes nicht sehen« (Johannes 3,1–13, hier Vers 3), sagt Jesus und meint damit: »Wenn jemand nicht aus Wasser und Geist geboren wird, kann er nicht in das Reich Gottes kommen.« (Johannes 3,5) Nikodemus kann sich die Wiedergeburt nur so vorstellen, daß der Mensch in den Schoß seiner Mutter zurückkehrt; und das ist nicht möglich. Jesus meint eine andere Art von Anfang: nicht im Fleisch, sondern im Geist. Nikodemus ist verwirrt; in das Reich Gottes zu gelangen, das war die größte Vision eines jeden gläubigen Juden; und nicht dabeisein zu können, war so etwas wie Verdammnis. Kein Wunder, daß Nikodemus so hartnäckig nachfragt. Sein Fragen zeigt aber auch, daß er in rein natürlichen Kategorien denkt, daß ihm im letzten die Glaubenswelt verschlossen bleibt mit ihrem Vertrauen; daß Gott nicht nur anders handelt, als wir Menschen es uns vorstellen, sondern der ganz andere ist und bei ihm nichts unmöglich ist.

Was Nikodemus – zumindest in diesem Gespräch mit Jesus – noch nicht gelingt, das hat Paulus im Glauben vollzogen und so umschrieben:

»Ich strebe danach, es zu ergreifen, weil auch ich von Christus ergriffen worden bin. Brüder, ich bilde mir nicht ein, daß ich es schon ergriffen hätte. Eines aber tue ich: Ich vergesse, was hinter mir liegt, und strecke mich aus nach dem, was vor mir ist.« (Philipper 3,12–13)

»Davon will ich nichts wissen«

Neues wird nicht immer freudig und bereitwillig aufgenommen. Neues verunsichert oft, gerade dann, wenn es im Widerspruch zu dem Bisherigen, Vertrauten und Gewohnten steht. So wird auch der Anfang oft zurückgewiesen. Der Apostel Petrus ist dafür ein anschauliches Beispiel: Er gehörte zu den ersten Jüngern Jesu und war unter ihnen bald der Wortführer. Manchmal vorschnell in seinem Urteil und Wort, konnte er doch oft auch die Sache auf den Punkt bringen und ein klärendes Wort sprechen.

Er strahlte Sicherheit aus – Jesus selbst hat ihn »Fels« genannt –, kam aber doch im entscheidenden Moment selbst ins Schleudern. Wie er reagierte, zeigt eindringlich die Szene, in der Jesus zum ersten Mal von seinem Leiden, Sterben und seiner Auferstehung spricht: »Da nahm ihn Petrus beiseite und machte ihm Vorwürfe; er sagte: Das soll Gott verhüten, Herr! Das darf nicht mit dir geschehen.« (Matthäus 16,22) Das paßte so gar nicht in das Bild, das Petrus von Jesus hatte – und damit auch von sich als einem Jünger dieses Meisters, der doch das Reich Gottes errichten und das Reich Israel wiederherstellen sollte. Ein leidender und dann gekreuzigter Jesus paßte nicht in die Vorstellung des Petrus, und er machte auch kein Hehl daraus. Umso härter traf ihn Jesu Wort: »Weg mit dir, Satan... Du hast nicht das im Sinn, was Gott will, sondern was die Menschen wollen.« (Matthäus 16,23) Petrus hatte noch nicht begriffen und konnte noch nicht begreifen, daß Jesus diesen Weg der Erlösung gehen mußte.

Es ist nicht schwer, sich in diesem Petrus wiederzuerkennen mit all dem, was uns nicht paßt, was wir vermeiden wollen, dem wir aus dem Weg gehen möchten. Vielleicht verweigern auch wir damit unseren Neuanfang, verpassen unsere Chance, weil wir zurückweisen, was uns im ersten Moment erschreckt, was wir irgendwann aber doch einmal tun müssen, um weiter zu kommen, ja um neu zu werden.

Zurückweisung hat viele Gesichter: Da ist die Gruppe derer, die sich heraushalten wollen; die nichts mit dem zu haben möchten, was da geschieht. Es ist sicherlich kein Zufall, daß in den Evangelien als Beispiel dafür ein Politiker genannt wird: Pilatus, Roms Statthalter im unruhigen Judäa. Mit dem »Fall Jesus von Nazaret« konfrontiert, merkt Pilatus bald, daß er zwischen den Parteien zerrieben werden kann: Die einen sehen in diesem Jesus den erwarteten Messias, die anderen wollen ihn opfern, um am status quo nichts zu ändern; Pilatus Frau rät ihm aufgrund eines Traumes, die Finger von dem Fall zu lassen. Aber Pilatus muß entscheiden, und er entscheidet, nicht zu entscheiden, sondern dem Geschrei des Pöbels nachzugeben: »Ich bin unschuldig am Blut dieses Menschen. Das ist eure Sache...« (Matthäus 27,19–26) Und er wäscht sich die Hände in Unschuld, als habe er nichts damit zu tun.

Alltäglicher ist die Begebenheit von den beiden Söhnen desselben Vaters. Beide sind nicht davon begeistert, daß sie im Weinberg arbeiten sollen (vgl. Matthäus 21,28–32). Der eine sagt ›Ja‹, geht aber nicht in den Weinberg; der andere will nicht, macht daraus auch keinen Hehl, geht später aber doch in den Weinberg, weil ihn das Nein gegenüber dem Vater reut. Und Jesus macht mit diesem Gleichnis deutlich, daß nicht die ihm die Liebsten sind, die sich mit Worten, sondern die sich mit Taten zu ihm bekennen.

Die Pharisäer waren fromme Menschen; daran besteht kein Zweifel, und wegen ihrer Frömmigkeit werden sie von Jesus auch nicht angegriffen. Es ist etwas anderes, das er an ihnen auszusetzen hat: ihre Selbstgerechtigkeit, die man in dem Satz zusammenfassen kann: »Das habe ich nicht nötig.« Jesus streitet mit ihnen, weil sie glauben, schon alles von Gott zu wissen, ja durch ihre guten Werke und durch die genaue Beobachtung aller Gebote und Vorschriften sich Gott zu verpflichten und damit durch ihr eigenes Tun gerechtfertigt zu sein. Es muß ja zum Streit und zum Bruch zwischen Jesus und den Pharisäern kommen, denn da treffen zwei ganz verschiedene Gottesbilder aufeinander. Wer so von sich selbst überzeugt ist wie die Pharisäer, der braucht keine Erklärung oder Belehrung mehr; der braucht auch keine Barmherzigkeit, denn er hat sich letztlich selbst erlöst.

»Was habe ich davon?«

Es ist nicht unbedingt ein Kompliment, von jemandem zu sagen, er sei berechnend. Rechnen muß jeder, nicht nur mit seinem Geld. Aber Berechnung meint mehr: daß einer etwas – oder auch jemanden – nur danach einschätzt und bemißt, was es oder er ihm »bringt«. Wo hört das nüchterne Kalkül auf, wo beginnt der unverhohlene Egoismus? Was vielleicht noch akzeptabel ist, wenn es sich um Geld oder sonst einen materiellen Vorteil handelt, sieht anders aus, wenn es um Personen geht, wenn der Mensch danach beurteilt wird, »was er bringt«.

Ein berechnender Mensch war sicherlich Judas Iskariot, der zu dem engsten Jüngerkreis Jesu gehörte, ja eine Vertrauensstellung genoß (vgl. Matthäus 26,14–16). Ob es politische, religiöse oder finanzielle Motive waren – Judas hat Jesus verraten: »Was wollt ihr mir geben, wenn ich euch Jesus ausliefere? Und sie zahlten ihm dreißig Silberstücke.« Das war der Preis, der für einen Sklaven üblich war; und Jesus machte sich ja in seinem Leiden und Sterben zum Sklaven und Opfer der Schuld der Menschen. Welche Motive Judas zum Verrat verleitet haben, ist nicht ganz klar. Berechnend in irgendeiner Weise war er sicherlich.

Und ein anderer hatte den Preis, sein Leben, dafür zu zahlen.

Selbst Jesus war vor dieser Versuchung nicht gefeit. Die drei synoptischen Evangelien berichten, daß Jesus zu Beginn seines öffentlichen Auftretens und Wirkens in Versuchung geführt worden ist. »Warum machst du es dir so schwer?«, war die Botschaft, die der Verführer ihm signalisierte. Versuchungen sind keine Spielereien, auch wenn da gerne mit Gedanken, Bildern und Wünschen gespielt wird. Und das Angebot war verlockend: alle Reiche der Welt gegen einen Akt der Anbetung (vgl. Matthäus 4,1–11). Da muß einer schon sehr gefestigt und von seinem Auftrag überzeugt sein, um nicht das Glück des schnellen Reichtums zu suchen. »Der Ehrliche ist der Dumme«, heißt es nicht zufällig im Volksmund; und darin spiegelt sich wider die Versuchung, die nagende Frage: Warum soll ich es mir schwer machen, wo so viele andere den bequemen Weg gehen und fünf gerade sein lassen?

»Wie konnte ich nur?«

Wo einer berechnend war, muß er nicht selten auch schnell bereuen. Wieder einmal ist Petrus, der bekannt ist für seine schnellen Reaktionen, der Betroffene.

»Warum habe ich das nur angefangen«, mag er sich gefragt haben. »Warum habe ich das nur riskiert?« Petrus ist mit den anderen Jüngern im Boot auf dem See von Gennesaret (vgl. Matthäus 14,25–33). Plötzlich kommt ihnen Jesus auf dem

Wasser entgegen. Sie sind erschrocken, meinen, ein Gespenst zu sehen. Jesus beruhigt sie, und das verleitet Petrus zu dem verrückten Gedanken: Wenn Jesus auf dem Wasser gehen kann, dann kann er auch mich zu sich rufen. »Herr, wenn du es bist, so befiehl, daß ich auf dem Wasser zu dir komme.« (Matthäus 14,28) Jesus sagt nur: »Komm.« (Matthäus 14,29) Petrus geht los – und dann hat er Angst (es ist nicht der Wind). Er droht unterzugehen. Jesus schilt ihn: »Du Kleingläubiger.« (Vgl. Matthäus 14,31) War Petrus übermütig, sich seiner Sache zu sicher? Er war spontan – das war seine Stärke. Er hat sich wohl selbst gefragt: Wie konnte ich nur?

Die zweite Begebenheit im Leben des Apostels Petrus zeigt uns, daß es sich offensichtlich um eine Charaktereigenschaft handelte bei dieser Spontaneität, von der es nicht weit ist zur Kopflosigkeit und Verzweiflung. Dieses Mal ist die Szene noch dramatischer: Jesus ist verhaftet worden und wird angeklagt. Er ist der Willkür der Soldaten der Wachtruppe ausgeliefert. Petrus muß dabei sein, und so wird er plötzlich auch verdächtigt: »Auch du warst mit diesem Jesus von Nazaret zusammen.« (Markus 14,66–72; hier Vers 67) Petrus leugnet, windet sich, verrennt sich. Da kräht der Hahn und erinnert Petrus an Jesu Voraussage, daß er ihn verraten werde. »Und er begann zu weinen.« (Markus 14,72)

Der neue Anfang

In vielen Situationen ist ein Neuanfang gefordert, besonders dort, wo wir mit unseren guten Absichten und Vorsätzen steckengeblieben sind; dort, wo uns die Luft ausging, wo wir nicht genügend Kraft hatten; aber auch da, wo wir gescheitert sind. Es gibt viele solche Situationen. Jesus selbst hat das erlebt, in seiner Heimat. Dort lehrt er, von dem man überall im Land spricht, am Sabbat in der Synagoge.

»Und die vielen Menschen, die ihm zuhörten, staunten und sagten: Woher hat er das alles? Was ist das für eine Weisheit, die ihm gegeben ist? Und was sind das für Wunder, die durch ihn geschehen? Ist das nicht der Zimmermann, der Sohn der Maria und der Bruder von Jakobus, Joses, Judas und Simon? Leben nicht seine Schwestern hier unter uns? Und sie nahmen Anstoß an ihm und lehnten ihn ab. Da sagte Jesus zu ihnen: Nirgends hat ein Prophet so wenig Ansehen wie in seiner Heimat, bei seinen Verwandten und in seiner Familie. Und er konnte dort keine Wunder tun; nur einigen Kranken legte er die Hände auf und heilte sie. Und er wunderte sich über ihren Unglauben.« (Markus 6,1–6)

Es ist die Geschichte eines Scheiterns, obwohl (oder weil?) ein Neuanfang versucht wurde. Das Vorurteil, Jesus zu kennen, weil er doch hier aufgewachsen, weil er »einer von uns« ist, erweist sich stärker als alles Reden und Handeln. Interessanterweise berichtet der Evangelist überhaupt nicht, was Jesus in der Synagoge gelehrt hat; es spielt keine Rolle, weil die Zuhörer voreingenommen sind. Der Neuanfang kam nicht zustande, weil die Leute von Nazaret blieben, wie sie waren.

Nach einer Enttäuschung noch einmal zu beginnen, eine fruchtlose Arbeit noch einmal machen zu sollen, ist frustrierend. Warum sich plagen, wenn alles umsonst war? So mag Petrus gedacht haben, als er von einem vergeblichen Fischfang zurückkam und Jesus ihn aufforderte, wieder auf den See zu fahren und die Netze noch einmal auszuwerfen. »Meister, wir haben die ganze Nacht gearbeitet und nichts gefangen.« (Lukas 5,1–11, hier Vers 5) Und dann rafft sich Petrus auf: »Doch wenn du es sagst, werde ich die Netze auswerfen. Das taten sie, und sie fingen eine so große Menge Fische, daß die Netze zu reißen drohten. (...) Als Simon das sah, fiel er Jesus zu Füßen und sagte: Herr, geh weg von mir, ich bin ein Sünder.« (Lukas 5,5–8)

Gegen alle Erfahrung hat Petrus gehandelt, »unvernünftig« hat er die Strapazen der Arbeit noch einmal auf sich genommen, zudem zu einer Zeit, wo man erfahrungsgemäß nichts fängt. Aber er hat Jesus vertraut, über alle Erfahrung hinweg: »Doch wenn du es sagst, werde ich die Netze auswerfen.« (Lukas 5,5) Neu anfangen, auch wenn es aller Erfahrung und allem Kalkül widerspricht. Dazu braucht es Stärke, einen langen Atem und auch das, was man Frustrationstoleranz nennt.

Die Mutter, die im Evangelium für ihre kranke Tochter bat, war solch eine Frau. Sie, in den Augen der Juden eine Heidin, kommt und bittet Jesus, aus ihrer Tochter einen Dämon auszutreiben (vgl. Markus 7,25–30). Jesus ist überraschend unfreundlich: »Laßt zuerst die Kinder satt werden; denn es ist nicht recht, das Brot den Kindern wegzunehmen und den Hunden vorzuwerfen.« (Markus 7,27) Ein Hund wird sie und ihre kranke Tochter genannt; wer würde sich da nicht beleidigt abwenden? Doch die Frau schluckt das, ja gibt Jesus noch recht und sagt dann: »Aber auch für die Hunde unter dem Tisch fällt etwas von dem Brot ab, das die Kinder essen.« (Vers 28) Und Jesus ist plötzlich wie ausgewechselt: »Weil du das gesagt hast, sage ich dir: Geh nach Hause, der Dämon hat deine Tochter verlassen.« (Vers 29) Von dieser Hartnäckigkeit und Bereitschaft, sich demütigen zu lassen, ohne sich zu verbiegen und aufzugeben, ist Jesus beeindruckt.

Einen ganz anderen Eindruck machten die Emmausjünger (vgl. Lukas 24,13–35). Sie sind enttäuscht; niedergeschlagen verlassen sie Jerusalem, die Stadt, in der man ihren Meister gekreuzigt hat, ihn, auf den nicht nur sie alle Hoffnung gesetzt hatten. Auch die Worte des seltsamen Begleiters, der sich ihnen anschließt, können sie nicht trösten, helfen ihnen aber doch zu verstehen, was so furchtbar war: »Mußte nicht der Messias all das erleiden?« (Lukas 24,26) Und als er mit ihnen dann das Brot bricht, gehen ihnen buchstäblich die Augen auf: Er selbst ist es; sie haben ihn nur nicht erkannt in ihrer Verzweiflung. Er lebt und ist wieder bei ihnen! Jetzt sind sie wieder voll

Hoffnung und Zuversicht; sie müssen unbedingt zurück nach Jerusalem, dem Ort ihrer Enttäuschung und Verzweiflung, um die Botschaft von der Auferstehung zu verkünden. Sie haben wieder Mut: Die Geschichte dieses Jesus von Nazaret geht weiter. Sie fängt jetzt erst so richtig an.

Ein besonderes Beispiel des »neu anfangen« finden wir im Gleichnis vom verlorenen Sohn, oder wie man es richtiger nennen sollte: im Gleichnis von den beiden Söhnen des barmherzigen Vaters (vgl. Lukas 15,11–32). Durch leidvolle Erfahrung, konkret durch Lernen aus seinen eigenen Fehlern, vor allem seinen Jugendsünden, kommt der jüngere Sohn, der sich sein Erbe hat auszahlen lassen und es dann verpraßt hat, zur Einsicht und kehrt zurück zum Vater, ohne jeden Anspruch und ohne falsche Erwartung, aber in der Hoffnung, daß bei seinem gnädigen Vater (in dem Gott sich selbst zeigt) noch Platz ist für einen, der bereut. Und er erfährt, daß ihm vergeben wird: von seinem Vater, nicht aber von seinem älteren, immer rechtschaffenen Bruder, der angesichts der Geschichte des Jüngeren und der Barmherzigkeit des Vaters total verunsichert ist in seiner bisherigen Wohlanständigkeit. Er, der nie etwas anderes gekannt und gewagt hat, muß erfahren, wie eng bisher sein Leben war.

In manchen dieser Personen aus der Bibel können wir uns wiedererkennen: Uns ist es vielleicht schon ähnlich ergangen, und ihr Vorbild kann uns helfen, unser Anfangen und unsere Anfänge in einem anderen Licht zu betrachten. Vor allem die biblischen Bücher Job und Weisheit, Jesus Sirach, Kohelet und Sprichwörter, aber auch die Psalmen kommen immer wieder auf das Anfangen zurück. Ihr Ziel ist es, den Menschen teilhaben zu lassen an der Weisheit, die sich aus den Erfahrungen von ungezählten Generationen herauskristallisiert hat.

Anfangen – das ist das große Thema bei den geistlichen Vätern und Müttern seit dem frühen Christentum, vor allem aber bei den Aszeten der Wüste und bei dem im vierten Jahrhundert aufkommenden Mönchtum.

Die Väter

Weisheit lernt man nicht; man erwirbt sie, vor allem durch eigene Erfahrung. Und diese Erfahrung gibt der Weise weiter, aber nicht in besserwisserischer Weise. Er drängt sich und seine Weisheit nicht auf. Die Leute kommen zu ihm und fragen ihn um Rat; und manchmal ist ihm das zuviel, denn die vielen Fragenden stören seine Ruhe und den Rhythmus seines einfachen, aber konsequenten Lebens.

Es waren vor allem die Anachoreten, die aus der Gemeinde ausziehenden und sich in der Wüste ansiedelnden Männer und Frauen, die zum Inbegriff der neuen Lebensform wurden. Für ihr Leben gab es noch keine festen Regeln wie bei den späteren Orden. Sie wohnten in einer einfachen, kleinen Behausung, Kellion genannt, lebten von ihrer Hände Arbeit und in ständiger Verbindung mit Gott. Die von ihnen überlieferten »Sprüche der

Väter« sind genau nicht das, was der heutige Wortsinn vermuten läßt; sie sind vielmehr komprimierte Erfahrung und Weisung für die richtige Gestaltung des Lebens. Nur wenige von ihnen, die ausdrücklich auf das Anfangen zielen, seien hier kurz erläutert.

Anfangen bedeutete für die Väter und Mütter der Wüste, immer wieder den alten Menschen zu überwinden versuchen und bei allen Rückschlägen sich nicht entmutigen zu lassen. So kann Abbas Sisoes nach Jahrzehnten streng asketischen Lebens angesichts des Todes sagen: »Ich bin mir wirklich nicht bewußt, daß ich schon angefangen habe.« (Sprüche der Väter, 212f.) Ja, mit wachsender Erfahrung kommen die Asketen der alten Kirche zur Einsicht (die von Altvater Silvanos formuliert wurde): »Wenn der Mensch ein Arbeiter ist, kann er jede Stunde einen Anfang machen.« (Weisung der Väter, 866)

Die alten Mönche waren erstaunlich moderne Psychologen, denn man findet bei ihnen Einsichten wie folgende: »Nichts widersteht dem Anfangen mehr als die Trägheit des Herzens.« Oder: »Wer anfangen will, muß aufhören können.« »Versuche nicht, den zweiten Schritt vor dem ersten zu tun.« Oder auch: »Je öfter du etwas Neues beginnst, desto weniger wirst du erreichen.« Die Weisung der zitierten Sprüche kann man in dem Doppelsatz zusammenfassen: »Höre nie auf anzufangen; fange nie an aufzuhören.«

Diese Weisheit der Asketen und ersten Mönche ist im Laufe der Geschichte immer wieder entdeckt und hervorgehoben worden, wie das Beispiel des französischen Philosophen und Mathematikers Blaise Pascal weit über 1000 Jahre nach den Mönchsvätern zeigt: »Wenn ich mich zuweilen damit beschäftigt habe, die vielgestaltige Unrast der Menschen zu betrachten, ... habe ich entdeckt, daß das ganze Unglück des Menschen aus einer einzigen Ursache kommt: nicht ruhig in einem Zimmer bleiben zu können.« (Pensées 178) Hier wird das Anfangen bereits mit dem Bleiben verknüpft!

Dort wo der Wille zum konsequenten Leben betont wird, ist auch die Versuchung und Gefahr des Scheiterns, des Fallens besonders groß. Deshalb war eine der häufigsten Mahnungen der Asketen und Mönchsväter: »Steh wieder auf!« Bleib nicht liegen; laß dich von deinem Scheitern nicht unterkriegen. Fange wieder an! Und Benedikt von Nursia, der Vater des abendländischen Mönchtums, schreibt im Vorwort seiner Regel den für alle Anfänger und jeden Anfang wichtigen Satz: »Sooft du etwas Gutes zu tun beginnst, bitte zuerst inständig darum, daß er es vollende.«

II. Bleiben

»... nicht ruhig in einem Zimmer bleiben zu können«, darin sieht – wie schon erwähnt, Blaise Pascal die Ursache für das ganze Unglück des Menschen. Die Unruhe treibt den Menschen.

Das Bleiben ist eine eigenartige Sache: Es kann verschieden gedeutet werden: als Ruhe und Treue einerseits, als Unbeweglichkeit, ja Starre andererseits; und das ist nur ein Beispiel für die Ambivalenz des Bleibens. Bleiben hat mit Dauer zu tun, braucht also Zeit. Und diese Zeit kann unterschiedlich erfahren werden. Das Kind ist beim Spielen so auf den Moment fixiert, daß es kaum merkt, wie die Zeit vergeht. Entsprechend reagiert das Kind, wenn es Zeit ist für etwas anderes: für das Essen etwa oder das Schlafengehen. Ein Mensch, der auf etwas wartet – und sei es auch nur, daß die Zeit vergeht –, hat ein anderes Zeitgefühl und -gespür: Die Zeit steht dem Erwarteten, dem Kommenden im Weg. Ein alter und schwer kranker Mensch wird vielleicht die Zeit als hinderlich empfinden, als einen unnötigen Aufschub für das – wenigstens manchmal – herbeigesehnte Ende, für den Tod, der als Erlösung empfunden wird aus einem Bleiben, das nur noch als Last und Mühsal gesehen wird. Da heißt es nicht »Augenblick, verweile!«, sondern viel eher: »Wenn doch nur schon alles vorbei wäre!«

Zur Kunst des Bleibens gehört, daß wir lernen, bei uns selbst zu bleiben, es mit uns auszuhalten, ja uns selbst die Treue zu halten. Zeit ist einerseits eine objektive Größe, meßbar in Sekunden, Minuten, Stunden, Tagen bis hin zu Jahren und Jahrhunderten. Bleiben ist für die meisten Menschen die längste Phase ihres Lebens und erhält von daher ein besonderes Gewicht. Bleiben ist aber nicht zu verwechseln mit Verharren, mit Starre. Bleiben kann – ja muß wohl auch – Dynamik beinhalten: Wir Menschen bleiben weitgehend dieselben, auch wenn sich in unserem Leben viel verändert, wenn wir lassen und wieder neu anfangen müssen. Es ist wichtig, daß es in uns etwas Festes, etwas Bleibendes gibt und wir nicht ständig zwischen Anfangen und Lassen hin- und herpendeln.

Zwischen Treue und Starre

Auch das Bleiben hat zwei Seiten. Die Begriffe »Treue« und »Starre« beschreiben diese beiden Seiten ganz grob. Es gibt zweifelsohne eine Vielfalt von Schattierungen, und die Spannung – oder das Gleichgewicht? – von Treue und Starre ist kein gut ausgeglichenes Verhältnis oder gar ein Mittelmaß, sondern muß immer wieder neu gefunden werden.

Starre meint im Kontext des Bleibens und in der Abgrenzung zur Treue die – vor allem – innere Unbeweglichkeit, die sich im Laufe der Entwicklung aber immer deutlicher auch äußerlich zeigt: Menschen verlassen ihr Viertel, ihre engere Nachbarschaft, ja ihr Haus, ihre Wohnung nicht mehr, weil sie durch eine solche Veränderung überfordert sind, sei es durch körperliche Gebrechen, die sie ans Haus und dann ans Bett fesseln, sei es durch Angst, mit etwas oder jemand Unbekanntem konfrontiert zu werden und eine solche Situation nicht bewältigen, auf sie nicht angemessen reagieren zu können. Das mag der Extremfall sein und für die meisten Menschen nicht zutreffen; aber vom Extrem her läßt sich oft leichter und anschaulicher eine Veränderung oder Entwicklung aufzeigen.

Treue ist etwas anderes. Man könnte sie bezeichnen als ein Bleiben, eine Festigkeit aus Überzeugung. Die Flucht und die Ausflüchte – von denen Blaise Pascal in dem eingangs zitierten Text spricht – zeigen das Elend des Menschen auf, der vornehmlich Zerstreuung sucht. Pascal scheint zunächst hilflos diesem Phänomen gegenüber zu stehen, das ihn offensichtlich länger beschäftigt und tief bewegt hat, schreibt er doch in dem bereits zitierten Pensée 178: »Aber als ich das näher bedachte, als ich die Ursache all unseres Unglücks gefunden hatte und nun die Begründung dafür ausfindig machen wollte, habe ich entdeckt, daß es eine sehr entscheidende dafür gibt; sie liegt in dem natürlichen Unglück unseres schwachen und sterblichen Zustandes, der so erbärmlich ist, daß nichts uns trösten kann, wenn wir es näher betrachten.«

Mit dem Wort von »unserem erbärmlichen Zustand« scheint ein moralisches Urteil gefällt zu sein. Doch das von Pascal beschriebene Phänomen ist allgemeiner als die Moral: Es handelt sich um die innere Unruhe und Unrast des Menschen, die sein Bleiben – sei es an einem Ort, bei einer Sache oder einer Person – nicht nur erschwert, sondern unmöglich macht; aus Gründen, die im Menschen selbst liegen, ja die er zumindest teilweise selbst zu verantworten hat.

Zu seiner Entschuldigung mag der Mensch viele Argumente anführen: die allgemeine Hektik, die immer mehr Lebensbereiche erfaßt; die Überforderung durch die Arbeit mit ihrer wachsenden Komplexität; die vielfältigen persönlichen Beziehungen, die ebenfalls den Menschen immer häufiger überfordern, weil sie immer mehr von Forderungen geprägt werden und weniger vom Geben und Schenken, wie es für eine persönliche Beziehung unerläßlich ist; und schließlich die wachsende Komplexität der Beziehungen überhaupt. Die chronische Überforderung scheint immer seltener zum Protest oder Widerspruch anzuregen, sondern zur Resignation zu führen. »Man« kann ohnehin nichts (oder fast nichts) ändern, also – so das vorschnelle und entlastende Fazit – brauche auch ich mich nicht zu ändern, sondern kann bleiben, wie ich bin.

Auf der anderen Seite fordert die Gesellschaft – vor allem in dem Bereich, der traditionell am meisten und umfassendsten von Innovation und damit von Veränderung bestimmt wird, nämlich der Arbeit – im steigenden Maße Flexibilität vom Bürger: Jeder muß im Laufe seines Lebens zwei- oder dreimal umlernen, will er nicht frühzeitig aus dem Arbeitsprozeß ausgegliedert und damit auch gesellschaftlich ausgegrenzt werden. Hier wird die Spannung zwischen Bleiben und Anfangen besonders deutlich, weil sie existentiell erfahrbar ist.

In den letzten Jahren ist für viele Menschen aus der zunächst gesunden Polarität zwischen den beiden erwähnten Werten eine Art Dauerstress geworden. Denn ökonomische Zwänge diktieren das Tempo der Veränderungen. Wer sich nicht anpaßt oder anpassen kann, wird ›abgebaut‹. Das Sprichwort »Schuster bleib' bei deinen Leisten« steht heute nicht mehr für eine ehemals soziale Tugend, sondern für eine Haltung und Einstellung, die zur Isolation und Ausgrenzung führt. Es gibt zu viele Menschen, die auf der Stelle treten und bleiben, wie sie sind, und die auch ein äußerer Wechsel nicht mehr ändern kann. Wenn sie sich in ihrer Haltung nicht grundlegend ändern, ist ihr Weg vorgezeichnet: Sie argumentieren für den status quo, sie verweigern alle Innovation, sofern diese von ihnen persönliches Umdenken und Veränderungen im Leben und Arbeiten verlangen; sie widersetzen sich allen Veränderungen und Neuerungen, sofern diese von ihnen persönlich einen Wandel fordern. Sie *bleiben* – und das ist ihre Tragik und nicht mehr ihre Stärke und innere Größe. Sie begreifen nicht, daß sie sich gerade mit ihrer Uneinsichtigkeit und Unbeweglichkeit den Spiel- und Bewegungsraum nehmen, den jeder Mensch braucht, um angemessen auf Veränderungen reagieren zu können: in der Spannung von bewahrender Identität und dem Mut zur persönlichen Entwicklung. Es geht im Grunde um unsere Lebendigkeit: Leben wir noch selbstbestimmt und damit auch selbstbewußt, oder werden wir nur gelebt, das heißt fremdbestimmt, und es bleibt uns nichts anderes übrig?! Treue bedeutet nicht Starre, aber bezieht sich auch nicht nur auf das Subjekt: Der Mensch kann und darf nicht nur sich selbst treu sein.

»Wem soll ich treu sein?«

»Und die Treue, sie ist doch kein leerer Wahn«, so läßt Schiller in der Ballade »Die Bürgschaft« am Schluß den Tyrannen Dionysos sprechen, der mit seiner späten Einsicht für ein Happy End sorgt. Soweit die Ballade. Neuere Statistiken zeugen von einer steigenden Scheidungsrate, die nur eines von vielen Zeichen ist für das Scheitern der ursprünglich doch auf Dauer, ja auf Lebenszeit angelegten Bindungen. Der Mensch weiß die Treue durchaus zu schätzen, aber sie fällt ihm deshalb nicht leicht, obwohl Treue doch Sicherheit und Geborgenheit gibt, den Schwachen schützt und den Unsicheren stützt.

Treue ist Geben und Empfangen, auf längere Sicht immer beides. Der Mensch wird durch die Treue herausgefordert: Warum soll ich bleiben; warum kann ich nicht einfach weggehen, wenn es mir nicht mehr paßt? Treue kann man kaum einklagen; sie muß aus freiem Willen geleistet werden, sie muß aus dem Herzen kommen. Die Frage »Warum soll ich treu sein?« ist relativ abstrakt. Konkreter wird es, wenn gefragt wird: Wem soll ich treu sein?

»Ich will mir treu sein.« Das mag auf den ersten Blick egoistisch klingen, ganz nach dem Motto: »Jeder ist sich selbst der Nächste.« Das stimmt durchaus, aber es ist nicht alles und darf nicht die einzige Richtung sein, in der sich die Treue des Menschen bewegt. Sich selbst treu zu sein, bedeutet zunächst, seinen eigenen Weg zu finden und zu gehen: in der Spannung zwischen dem eigenen Ich und dem Du, dem Anderen also. Treue bedeutet nicht Unveränderlichkeit; Treue sich selbst gegenüber, aber auch zu anderen Menschen, kann geradezu zwingend auf eine Veränderung des Ich hinwirken: Um mir selbst treu zu sein, um bei den Meinen sein und bleiben zu können, muß ich mich weiterentwickeln. Ich darf nicht stehenbleiben und so den – auch persönlichen – Fort-Schritt behindern oder verweigern. Treu bin ich mir, wenn ich zu dem werde, der ich werden kann, ja werden soll: indem ich meine Anlagen und Fähigkeiten entwickle. Es ist deshalb gut und hilfreich, gelegentlich sein eigenes Leben zu betrachten, seinen derzeitigen Standort und Zustand zu bestimmen, von Zeit zu Zeit eine Besinnung anzustellen, zu der dieses Büchlein insgesamt anregen will.

Das geht nicht ohne einen Blick zurück. Manchmal geschieht das ganz überraschend und ist von einem selbst so gar nicht geplant: Man trifft zufällig einen alten Klassenkameraden oder Lehrer, und der fragt einen: »Was ist aus dir geworden?« Das ist ein unverhoffter Rückblick und ein Urteil, das man fällen muß: Was ist aus mir geworden? Wie bin ich geworden? Bin ich noch der, der ich vor so vielen Jahren, ja vielleicht Jahrzehnten war? Wie habe ich mich entwickelt? Wie war mein Leben? Wo stehe ich jetzt? Fragen und Gedanken, die einem blitzschnell durch den Kopf gehen und in einer kurzen Antwort an den Fragenden zusammengefaßt werden wollen, in wenigen Worten, die mich charakterisieren. Wir sollten uns in einer stillen Stunde einmal hinsetzen und uns Zeit nehmen für diese Frage, sollten nach dem roten Faden in unserem Leben suchen – ob es ihn überhaupt gibt und ob wir ihn erkennen. Es ist auch die Frage nach der Mitte unseres Lebens – ob wir eine solche überhaupt haben.

»Treu« hängt zusammen mit »trauen«, was ursprünglich soviel bedeutete wie: fest und stark werden. In unserer Sprache wird das deutlich: Wir sprechen vom Betreuen und meinen, bei jemandem zu bleiben, ihm zu helfen, wo er allein nicht weiter kann. Wir brauchen diese zweiseitige Erfahrung: daß jemand so zu uns steht, und daß wir diese Hilfe und Stütze für jemand anderen sein können. Denn wir werden nur dann ganze Menschen, wenn wir Mensch für andere Menschen sind – und uns bemühen, es immer umfassender zu werden.

»Ich will dir treu sein«

Treue zu mir selbst ist die Voraussetzung für ein gestaltetes und verantwortetes Leben. Aber sie ist nicht alles, so wie ich ja auch nicht alles bin. Wir sind hier bei der Frage: Was bedeuten andere Menschen für mich?

Von klein auf sind wir mit Menschen zusammen und sind auf sie angewiesen. Das gilt in besonderem Maße – aber nicht nur – für die ersten Jahre unseres Lebens, wo wir buchstäblich in so ziemlich allem auf andere Menschen, auf unsere Eltern und Geschwister angewiesen sind, um überhaupt überleben zu können. Wir lernen gleichsam das Leben; und diese ersten Jahre prägen uns am stärksten. Wir lernen aber nicht nur das Leben für uns selbst, sondern es ist – oder sollte sein – ein Leben mit anderen und später mehr und mehr auch für andere. Nicht umsonst weisen oft Einzelkinder soziale Defizite auf, ein Phänomen, das man bei den Chinesen als Folge der »Ein-Kind-Politik« zur Beschränkung des Bevölkerungswachstums inzwischen sehr deutlich spürt: Es werden »kleine Kaiser« herangezogen, die sich in der Gruppe schwer tun. Dabei braucht der Mensch die Erfahrung des Andersseins des anderen, um sich und seine Individualität zu entwickeln ebenso wie dadurch bereichert zu werden.

Vom Beginn der Menschheit an war das ein Problem: Adam fühlte sich trotz allen Lebens um ihn herum einsam, bis er in Eva ein Gegenüber, ein Du fand. Der Mensch braucht den anderen, um er selbst sein zu können, um Eigenständigkeit und Eigenheit (im guten Sinn) entwickeln zu können. Der Mensch ist ein bipolares Wesen. Zu wem besser als zu seinem Partner kann der Mensch sagen: Dir will ich treu sein, und darin erfüllt sich meine Treue zu mir selbst.

»Dir will ich treu sein.« Diese Treue ist Beschränkung und muß es sein. Treue heißt Wahl, Entscheidung und Beschränkung. Einer der größten Trugschlüsse der heutigen Zeit besteht darin, zu meinen, je mehr man hat, desto reicher sei man. Das ist die Uridee des Konsums, der auch vor dem Menschen als Ware nicht halt macht. Doch der Reichtum liegt nicht in der Sucht nach dem Neuen und im Konsum, sondern in der Sehnsucht nach dem oder nach der, die Erfüllung für uns sein können. Treue ist immer Beschränkung und Einsicht, daß weder ich noch das geliebte Du alles ist; ja daß ich nie alles haben kann und werde. Das ist Treue: Bleiben können und damit leben, daß ich nicht alles bin und nicht alles für mich da ist. Treue bedeutet, in der Beschränkung die Meisterschaft des Lebens zu finden.

Sehnsucht nach Nähe

Gerade dann, wenn sich in unserem Leben viel verändert (oder auch nur zu verändern droht), brauchen wir Halt und Sicherheit. Wir suchen nach Verläßlichem, nach Beständigem und beweisen damit wieder einmal, daß wir im Grunde eine Option für das Bestehende getroffen haben – den vorsichtigen Wandel nicht ausgeschlossen. Ohne Bleibendes können wir nicht leben. Das wird besonders dann wichtig, wenn wir verunsichert sind: sei es durch eine Krankheit, durch den Verlust eines lieben Menschen oder weil jemand uns verlassen hat. Die Zusage »Ich bin bei dir« ist genau das Gegenteil zu dem oft gehörten: »Ich habe keine Zeit.« Im Grunde steckt dahinter eine persönliche Botschaft: »Ich habe jetzt keine Zeit für dich. Du bist mir nicht wichtig. Ich kann auf dich verzichten.« Ja: Du »bringst« mir nichts. Besonders dort, wo wir Nähe brauchen, tun solche Signale weh.

Keiner von uns lebt für sich allein und von sich allein. Wir brauchen einander, brauchen das Ohr und das Herz des anderen und das nicht nur für den Augenblick – auch wenn manchmal schon ein Moment ausreicht –, sondern als Versicherung unserer selbst und Versicherung gegen das Allein- und Verlassensein. Wir brauchen die Treue; wir brauchen Menschen, auf die wir uns verlassen können; Menschen, die dann da sind und Zeit haben, wenn wir sie brauchen. Unser ganzes Miteinander-Sein können wir von daher verstehen und verwirklichen: bei den Menschen bleiben; ihnen wieder und wieder das Signal geben: Ich bin bei dir. Diese Zusage heilt viele Wunden: »Der Mensch ist die beste Medizin des Menschen.« Ist das nicht auch eine Herausforderung an unsere moderne Medizin, die vornehmlich aus Mitteln besteht?!

In diesem »Ich-bin-bei-dir« schwingt noch mehr mit: der Name Gottes, des Gottes, der von sich sagt: »Ich bin der ›Ich-bin-da‹.« (Exodus 3,14) Gott hat das nicht nur behauptet, sondern hat es in seinem Sohn bezeugt, von dem der Hebräerbrief sagt, er ist »in allem uns gleich außer der Sünde.« (Hebräer 4,15) Alle unsere Erfahrungen, Sehnsüchte und Hoffnungen fließen zusammen in Gottes Zusage: »Ich bin bei dir.« Oder wie es in Psalm 27 heißt: »Wenn mich auch Vater und Mutter verlassen, der Herr nimmt mich auf« – »Ich bin bei dir!«

Der treue Gott

»... er bürgt dafür, daß unser Wort euch gegenüber nicht Ja und Nein zugleich ist.« (2 Korinther 1,18) Daß Gott treu ist, stellt wohl kein Problem dar: Er bleibt bei uns, er verläßt uns nicht. Das Problem entsteht unter uns Menschen. Und daß es ein Problem ist, zeigt unsere Sprache, in der solche Formulierungen geläufig sind wie: »Jeder ist sich selbst der Nächste.« »Man kann sich auf niemanden verlassen; alles muß man selbst in die Hand nehmen.« »Das mache ich selbst, dann weiß ich, daß es gemacht ist.« Hinter solchen harten Worten stehen Erfahrungen, vor allem in der Form von Enttäuschung; Verletzungen sind es nicht selten, die wir, die wir doch stark erscheinen wollen, nicht offen zugeben können.

Treue mag in der heutigen Gesellschaft mit ihrer Libertinage nicht besonders hoch im Kurs zu stehen; im Grunde des Herzens aber brauchen wir alle Treue, sehnen uns danach – auch wenn wir es vielleicht nicht offen zugeben werden – weil wir von klein auf daraus gelebt haben. Und wenn nicht, dann ist die Sehnsucht vielleicht noch größer. Sich selbst treu zu sein, ist nicht immer leicht. Treue als Geschenk zu erfahren, zu wissen, daß da jemand ist, auf den ich mich verlassen kann, ist etwas Herrliches. Den Gott der Treue zu verkünden, hat die Kirche manches Mal vernachlässigt und damit bewußt oder unbewußt ein Gottesbild gefördert, das mehr von dem geprägt ist, was Gott von uns verlangt. Das überträgt sich dann auch auf unser Menschenbild, auf die Art, wie wir dem anderen begegnen, wie wir ihn sehen und wir wir uns ihm zeigen.

Gott ist treu. Das hat er vor allem in Jesus Christus gezeigt, ja persönlich bezeugt. Gott hat seine Schöpfung, und in ihr die Krone, den Menschen, nicht sich selbst überlassen. Im Gegenteil: Aus dem fernen ist ein naher Gott geworden, nicht mehr nur der Gott, der am Sinai den Menschen seine Gebote verkündet, sondern der Gott, der Mensch unter uns Menschen wird, »in allem uns gleich außer der Sünde«. Ja der Gott, der sich selbst hingibt, um uns Menschen, seine Geschöpfe zu erlösen, indem er in seinem Sohn Jesus Christus für uns stirbt. Gott ist sich selbst treu geblieben, indem er in seiner Liebe zu uns bis zum Letzten, zum schmählichen Tod am Kreuz gegangen ist.

Etwas von dieser Qualität sollte jede Treue haben. Treue ist nicht eine Abmachung darüber, wieviel Zeit und Kraft ich in die Beziehung zu jemandem investiere (das wäre eher ein Tauschgeschäft), sondern ein im Grunde grenzenloses und nicht aufkündbares Ja zum anderen. Das ist der ideale Rahmen und Raum, in dem Menschen – ob Partner oder Kinder – sich entwickeln können. Von daher kann es Ehe nicht ohne eine so verstandene und gelebte Treue geben. Treue fordert etwas vom Menschen; nicht der andere, das Gegenüber fordert, sondern der Mensch selbst ist es, der fordert.

Man kann die ganze Bibel, sowohl das Alte wie das Neue Testament (denn beide bilden zusammen die eine Geschichte der Beziehung zwischen Gott und Mensch) als eine wechselvolle Geschichte der Treue betrachten – und natürlich auch der Untreue. Nicht Ja und Nein zugleich, sagt Paulus in dem voraus zitierten Wort aus dem zweiten Korintherbrief. Treue kennt nur das Ja: zu jeder Zeit und in jeder Situation. Treue ist anstrengend; aber sie schafft etwas Unvergleichliches, etwas, nach dem der Mensch sich sehnt: Verläßlichkeit und Geborgenheit, die idealen Voraussetzungen für Leben, sei es gegenüber dem Partner oder dem Kind. Mit wohl keinem anderen Begriff – wenn man von der »Liebe« absieht, ohne die es Treue kaum geben kann – wird Gottes Verhältnis zu seiner Schöpfung, zu seinem Ebenbild, dem Menschen, so umfassend umschrieben wie mit der Treue. Die äußere Seite, die Manifestation dieser Treue, ist der Bund. Dieser Bund ist nicht nur eine religiöse Größe (als solcher begegnet er uns in der Bibel), sondern auch eine menschliche Wirklichkeit, wie der Ausdruck »Bund der Ehe« zeigt.

Gott schloß einen Bund mit Abraham und seither immer wieder mit den Menschen, vornehmlich mit dem Volk, das er sich auserwählt hat (vgl. Genesis 9,12; 15,1–21). »An diesem Tag schloß der Herr mit Abram folgenden Bund: Deinen Nachkommen gebe ich dieses Land vom Grenzbach Ägyptens bis zum Strom, dem Eufrat.« (Genesis 15,18) Dieser Bund wurde von den Menschen, gerade auch von dem Volk, das Gott sich erwählt hatte, immer wieder gebrochen; und doch wurde der Bund nie aufgehoben, nie von Gott her gekündigt. In seinem Lobgesang kommt Zacharias, dem Gott einen Sohn, Johannes den Täufer, geschenkt hatte, auf diesen Bund zu sprechen: »Er hat das Erbarmen mit den Vätern an uns vollendet und an seinen heiligen Bund gedacht.« (Lukas 1,72)

Vor allem der Exodus, der Auszug aus Ägypten, dem Land der Knechtschaft, ist für Israel die Bestätigung des Bundes. So wird es im Buch Deuteronomium gedeutet: »Weil der Herr euch liebt und weil er auf den Schwur achtet, den er euren Vätern geleistet hat, deshalb hat der Herr euch mit starker Hand herausgeführt und euch aus dem Sklavenhaus freigekauft, aus der Hand des Pharao, des Königs von Ägypten. Daran sollst du erkennen: Jahwe, dein Gott, ist der Gott; er ist der treue Gott; noch nach tausend Generationen achtet er auf den Bund und erweist denen seine Huld, die ihn lieben und auf seine Gebote achten.« (Deuteronomium 7,8–9)

Für Israel war Gottes Bundestreue beglückende Erfahrung und zugleich Herausforderung. Gott blieb seinem Bund treu; aber sein erwähltes Volk ging eigene Wege, ganz menschlich. Und so vergleicht dann auch der Prophet Hosea die Untreue Israels mit der Untreue in der Ehe: Er heiratet eine Dirne, um seinen Landsleuten vor Augen zu führen, wie sie sich Gott gegenüber verhalten (vgl. Hosea 2–3; 6). Trotz dieser Untreue läßt Gott sich nicht beirren, wie Paulus im zweiten Timotheusbrief schreibt: »Wenn wir untreu sind, bleibt er doch treu, denn er kann sich selbst nicht verleugnen.« (2 Timotheus 2,13) Auch davon handelt die Bibel: Sie ist voll von Geschichten über Menschen, die treu geblieben sind, die ausgeharrt haben und nicht wegliefen. An ihnen wird deutlich, was Bleiben bedeutet.

Treue in der Bibel

»Wohin du gehst, dahin gehe auch ich.«

Das Buch Rut – eine der kürzesten biblischen Schriften – ist eine höchst aktuelle Geschichte, die Geschichte von zwei Ausländerinnen: Noomi, Ruts Schwiegermutter, war mit ihrem Mann Elimelech und ihren beiden Söhnen aus Israel nach Moab ausgewandert, weil in ihrer Heimat Hungersnot herrschte. Nach dem Tod ihres Mannes und ihrer beiden Söhne steht Noomi mit ihrer Schwiegertochter Rut allein da. Sie will ihr nicht zur Last werden und fordert sie auf, sich doch mit einem Mann aus dem eigenen Volk wiederzuverheiraten. Doch Rut antwortet ihr: »Wohin du gehst, dahin gehe auch ich. Dein Volk ist mein Volk, und dein Gott ist mein Gott.« (Rut 1,16f) Die Geschichte von Rut ist hochaktuell, nicht nur im Hinblick auf die Integration von Ausländern, sondern als die Geschichte einer Treue, die über den eigenen Schatten zu springen befähigt.

Josef – der Bleibende

Von Josef, dem Mann Marias, wurde viel Glaube verlangt und viel Rücksicht, ja Zurückstecken eigener Pläne und Wünsche. Er ist nicht weggelaufen, sondern hat durch sein Bleiben, seine Treue und Verläßlichkeit die Geschichte dieses Jesus von Nazaret erst menschlich möglich gemacht. Es begann schon mit den eigenartigen Umständen um die Schwangerschaft seiner Verlobten Maria: »Josef, Sohn Davids, fürchte dich nicht, Maria als deine Frau zu dir zu nehmen; denn das Kind, das sie erwartet, ist vom Heiligen Geist ...« (Matthäus 1,18–25) Auf die großen Verheißungen folgte Schrecken: »Flieh nach Ägypten, dort bleibe.« (Matthäus 2,13) Flüchtlinge sind sie, Asylbewerber, gerade noch dem mörderischen Anschlag des Herodes entronnen, dem andere Unschuldige zum Opfer fallen. Josef ist nie weggelaufen; er ist diesem Kind, das doch nicht das seine war, treu geblieben. Er hat sicherlich nicht alles auf Anhieb verstanden; aber er hat gespürt, daß er dableiben mußte – und ist geblieben.

Maria – treu in schwerer Stunde

Eine der zartesten Geschichten in der Bibel ist die Begegnung von Maria und Elisabeth, zugleich die Geburtsstunde des Magnifikat, das zum Hochgesang der Vesper, des Abendlobes der Kirche, geworden ist. Maria steht ihrer wesentlich älteren Verwandten bei, als diese im fortgeschrittenen Alter doch noch Mutter wird, Mutter des späteren Propheten Johannes, der am Jordan taufte und auf Jesus hinwies (vgl. Lukas 1,39–56). In dieser Begegnung von Maria und Elisabeth wird eine in der heutigen Hektik oft vernachlässigte Seite der Begegnung deutlich: die Treue und das Zeit-Haben. Maria blieb, solange sie gebraucht wurde. Wir denken bei dieser Szene sofort an das Magnifikat. Chiara Lubich, die Gründerin der Fokolare–Bewegung, aber stellt etwas anderes in den Mittelpunkt, wenn sie schreibt: »Maria ist nicht zu Elisabeth gegangen, um das Magnifikat zu singen, sondern um ihr zu helfen.« Maria ist geblieben, wo und wie lange sie gebraucht wurde.

Die treusten Anhänger Jesu

Jesus muß ein faszinierender Mensch gewesen sein; anders kann man sich die Geschichten von Begegnung und Berufung in den Evangelien nicht erklären. Sicherlich ist manches im nachhinein, in der Zeit der Erinnerung und des Erzählens bis zum Verfassen der Evangelien, glorifiziert worden. Aber die ursprüngliche, die zu Herzen gehende

Begegnung schimmert in den Berichten der Evangelien noch durch, gerade in den Geschichten von den Berufungen der ersten Jünger: »Als Jesus vorüberging, richtete Johannes (der Täufer) seinen Blick auf ihn und sagte: Seht das Lamm Gottes! Die beiden Jünger hörten, was er sagte, und folgten Jesus. Jesus aber wandte sich um, und als er sah, daß sie ihm folgten, fragte er sie: Was wollt ihr? Sie sagten zu ihm: Rabbi, wo wohnst du? Er antwortete: Kommt und seht! Da gingen sie mit ihm und sahen, wo er wohnte, und blieben jenen Tag bei ihm.« (Johannes 1,36–39) Sie blieben nicht nur diesen einen Tag, sondern wurden seine treuesten Anhänger, und Andreas machte seinen älteren Bruder Simon, später Petrus genannt, auf Jesus aufmerksam. Diese Berufungsgeschichte hat sich ungezählte Male – und nicht nur nach den Berichten der Evangelien – wiederholt. Menschen wurden auf Jesus aufmerksam, kamen in Kontakt zu ihm und blieben bei ihm, einige für die ganze Zeit seines Wirkens und bis zu seinem Tod; andere gingen ein Stück des Weges mit ihm. Aber in ihnen allen ist etwas geblieben von dieser Begegnung: Sie waren hinterher nicht mehr dieselben; die Begegnung mit Jesus hat in ihnen etwas verändert.

Besondere Erwähnung verdienen die Frauen aus dem Jüngerkreis Jesu. Sie haben am treuesten ausgehalten, sind nicht weggelaufen, als es gefährlich wurde. Das zeigt sich in der dramatischsten Stunde: als Jesus verhaftet, verspottet, öffentlich geschmäht und schließlich am Kreuz schändlich hingerichtet wird (vgl. Markus 15,40). Jesus hat es den Frauen gedankt, indem er sie zu den ersten Zeugen seiner Auferstehung gemacht hat (vgl. Markus 16,1–8).

Jesus ist gerade den Jüngern treu geblieben, die ihn nicht mehr verstanden und sich innerlich von ihm zu lösen begannen. Davon zeugt die Begegnung mit den beiden Jüngern in Emmaus (vgl. Lukas 24,13–35), eine der schönsten Begebenheiten, die uns die Evangelien berichten: Die Jünger beginnen sich von ihrem gekreuzigten und damit gescheiterten Herrn zu lösen, um den Schmerz der Erinnerung und der enttäuschten Hoffnung zu stillen. Da tritt er unerkannt zu ihnen, und ausgehend von ihrer Enttäuschung erklärt er ihnen den Sinn dessen, was ihnen sinnlos erschienen ist. Und in dem Moment, wo sie begreifen und ihr Herz sich wieder für ihn zu erwärmen beginnt, ist er plötzlich verschwunden: Sie benötigen nicht mehr seine körperliche Gegenwart; er bleibt auch so in ihnen und erfüllt sie derart, daß sie zu seinen unerschrockenen Verkündern werden.

Wie faszinierend die Erfahrung Jesu sein konnte, wird uns an einer anderen Begebenheit deutlich: die Verklärung auf dem Berg Tabor, bei der aus dem Jüngerkreis nur Petrus, Jakobus und Johannes anwesend waren (vgl. Markus 9,2–10). Sie möchten den Augenblick festhalten, wie das Wort des Petrus zeigt: »Rabbi, es ist gut, daß wir hier sind. Wir wollen drei Hütten bauen...« Sie wollen dieses Aufscheinen der Größe Gottes festhalten. Aber es blieb nur ein Moment, das Geschenk eines kurzen, tieferen Erkennens. Sie blieben nicht mit Jesus auf dem Berg der Verklärung, sondern mußten mit ihm hinabsteigen in die Niederungen des Alltags, des Kampfes und der Verfolgung. Was ihnen blieb, war die Erinnerung. Im Alltag, in den Stürmen des Lebens zu bestehen, das war ihnen aufgegeben, wie Jesu Gleichnis vom Haus mit dem Fundament veranschaulicht: »Ich will euch zeigen, wem ein Mensch gleicht, der zu mir kommt und meine Worte hört und danach handelt. Er ist wie ein Mann, der ein Haus baute und dabei die Erde tief aushob und das Fundament auf einen Felsen stellte. Als nun ein Hochwasser kam und die Flutwelle gegen das Haus prallte, konnte sie es nicht erschüttern, weil es gut gebaut war…« (Lukas 6,47–49)

Ein anderes Bild und Gleichnis sei noch angeführt, um das Bleiben zu verdeutlichen, um das es Jesus ging: »Bleibt in mir, dann bleibe ich in euch. Wie die Rebe aus sich keine Frucht bringen kann, sondern nur, wenn sie am Weinstock bleibt, so könnt auch ihr keine Frucht bringen, wenn ihr nicht in mir bleibt. Ich bin der Weinstock, ihr seid die Reben. Wer in mir bleibt und in wem ich bleibe, der bringt reiche Frucht, denn getrennt von mir könnt ihr nichts vollbringen… Wie mich der Vater geliebt hat, so habe auch ich euch geliebt. Bleibt in meiner Liebe.« (Johannes 15,4–9) Daß Bleiben nicht gleich Bleiben ist, zeigt das Gleichnis von den beiden Söhnen des barmherzigen Vaters, meistens verkürzend das Gleichnis vom verlorenen Sohn genannt (vgl. Lukas 15,11–32).

Beständigkeit in allen Lebensbereichen

Die Mönche – und nicht nur die in der Tradition Benedikts von Nursia, auch wenn dieser die Beständigkeit (= stabilitas) zu einem eigenen Gelübde gemacht hat – sind von Haus aus Spezialisten der Beständigkeit, und das möglichst in allen Lebensbereichen. Seit den frühen Asketen und Mönchsvätern hat die Beständigkeit im Sinne eines Lebensprogramms einen besonderen Stellenwert für die Mönche. Dabei geht es nicht nur um das Bleiben an einem Ort, sondern um die Treue in einer bestimmten und im geographischen Sinn engen Lebensordnung; ganz im Sinne des zu Beginns dieses Kapitels zitierten Wort von Blaise Pascal »nicht ruhig in einem Zimmer bleiben zu können«. Eine der berühmtesten Spruchweisheiten der Wüstenväter drückt es so aus: »Ein Bruder kam in die Wüste Sketis zum Altvater Moses und begehrte von ihm ein Wort. Der Greis sagte zu ihm: Fort, geh in dein Kellion (= Zelle) und setz dich nieder, und das Kellion wird dich alles lehren.«

Benedikt von Nursia, der Vater des abendländischen Mönchtums, steht ganz in dieser Tradition, wenn er die Beständigkeit (nicht nur des Ortes) zur entscheidenden Tugend der Mönche erklärt: Beständig soll der Mönch sein in seiner Lebensführung und in seinem Kloster, das sowohl Wohnung der Mönche als auch Haus Gottes ist.

Das Gegenteil zum Bleiben und zur Beständigkeit ist das Weglaufen oder Abbrechen. Beständigkeit ist nicht Selbstzweck, sondern Einüben in die Treue, die Verinnerlichung des Bleibens. Das scheint völlig im Kontrast zu stehen zu der in unserer Zeit vielgepriesenen Mobilität. Daß Beständigkeit nicht geistig-geistlicher Stillstand oder Unbeweglichkeit bedeutet, wird in Lehre, Leben und Geschichte vielfach deutlich: Die Mönche waren und sind durchaus Menschen des Fortschritts, aber nicht eines vermeintlichen Fortschritts, der auf Kosten des Wertes des Menschen und seiner Wertvorstellungen, vor allem vom gelungenen Leben geht. Reifen kann der Mensch im Bleiben, in der Übung und Bewährung. Darauf hin zielen alle Regeln und Bestimmungen des Mönchslebens bis hin zur baulichen Anlage der Klöster. Entscheidend ist, was die Herzen der Mönche und Nonnen prägt, denn gerade das Bleiben muß von innen her motiviert sein: als ein Bleiben in der Nachfolge, Schule und Liebe Christi; als ein Bleiben in der Lebensform und als ein Bleiben in der Gemeinschaft – mit allem, was den Mönch ausmacht. Wenn der Mönch so lebt, wird er auch in Gottes Liebe geborgen bleiben und in ihm seine Erfüllung finden.

Das gilt im übrigen nicht nur für den Mönch und für die klösterliche Lebensform, sondern für jeden Menschen, der sich ganz und vorbehaltlos auf Gott einläßt. Der Mensch muß sich selbst treu bleiben; er selbst ist aber zugleich buchstäblich zu wenig, um zur Vollendung, zur Fülle zu gelangen. Es bleibt die Spannung zur Fülle und Vollendung, die dem Menschen erst nach seinem Tod geschenkt wird. Deshalb heißt leben: daran bleiben, ganz im Sinne der Mönche, die ihr Leben als einen Weg zur Vollendung verstehen, auf dem es ohne Kampf – vor allem gegen den Egoismus und die Trägheit des Herzens – nicht geht.

III. Lassen

Im Vergleich zum Anfangen und Bleiben, zum Beginnen von etwas Neuem und zur Treue, hat das Lassen eher einen negativen Klang. Deutlicher stellt sich die Frage nach dem Warum: Warum soll ich dieses oder jenes lassen, vor allem wenn es sich nicht um etwas Negatives, nicht um einen Fehler oder eine falsche Haltung bzw. Einstellung handelt? Um das hier gemeinte Lassen richtig zu verstehen und einordnen zu können, müssen wir es unter dem Gesichtspunkt des Freiwerdens, des Abstandnehmens – bis hin zur eigenen Person – betrachten. Also Freiheit nicht nur von etwas, sondern für etwas. Das ist gerade in dem Duktus mit dem Anfangen und Bleiben wichtig, wo das Lassen so etwas wie der Schlußakkord ist – und der Auftakt zu etwas Neuem.

Exodus

Das Verlassen der Heimat, des angestammten und gewohnten Lebensraumes, steht am Beginn der biblischen Glaubensgeschichte. Der Exodus, wie er im gleichnamigen Buch des Alten Testamentes beschrieben wird, ist zum Inbegriff für die Herausforderung durch Gott geworden, sich auf Neues einzulassen und neu zu werden. »Neu« bedeutet »das Alte lassen«. Abraham hört diese Aufforderung: »Zieh weg aus deinem Land, von deiner Verwandtschaft und aus deinem Vaterhaus in das Land, das ich dir zeigen werde.« (Genesis 12,1) Große Verheißungen sind mit diesem Verlassen verbunden: Abraham wird zu einem großen Volk und zum Segen der ganzen Erde werden. Abraham läßt sich auf diese Verheißung ein und ist so zum »Vater des Glaubens« geworden (vgl. Römer 4; Galater 3).

Paulus hat dieses Loslassen und Verlassen des Gewohnten am eigenen Leib erfahren und es in den Worten zusammengefaßt: »Ich vergesse, was hinter mir liegt, und strecke mich aus nach dem, was vor mir liegt.« (Philipper 3,13)

Loslassen und Verlassen ist immer ein Wagnis – wenn es positiv geschieht. Lassen hat in der Glaubensgeschichte aber noch eine andere Bedeutung: Abkehr von Gott, Verlassen des Weges, der zum Leben führt und den Geboten Gottes folgt. Im Alten Testament wird dieses Verlassen thematisiert unter dem Stichwort »Untreue«: Gott antwortet auf das Verlassen der Menschen damit, daß er sie verläßt, das heißt das auserwählte Volk sich selbst überläßt, wie es in der Reflexion des Verfassers des Buches Deuteronomium heißt: »Warum hat der Herr diesem Land so etwas angetan? Warum entbrannte dieser gewaltige Zorn: Weil sie den Bund verlassen haben, den Jahwe, der Gott ihrer Väter, mit ihnen geschlossen hatte, als er sie aus Ägypten führte.« (Deuteronomium 29,23f)

Knapper und deutlicher sagt es der Prophet Jesaja: »Wer den Herrn verläßt, wird vernichtet.« (Jesaja 1,28) Nicht Gott, den Herrn, soll der Mensch verlassen, sondern seine eigensinnigen Wege, seine Versuche, ohne Gott auszukommen. Denn dann und darin ist der Mensch wirklich verlassen, sich selbst überlassen und bald am Ende mit seiner Kraft, eine Erfahrung, von der eindringlich Psalm 22 spricht, der in den Worten gipfelt: »Mein Gott, mein Gott, warum hast mich verlassen, bist fern meinem Schreien, den Worten meiner Klage?« (Psalm 22,2)

»Laß das Alte hinter dir, suche das Neue!«

Was das Lassen und dann in der Folge der Aufbruch zu Neuem existentiell bedeutet, wird spürbar in den Berufungsgeschichten der Propheten und Jünger, die zu den faszinierendsten Texten der Bibel gehören, eben weil sie konkret schildern, wie eng Lassen und Neu-Anfangen beieinander stehen. Von den ersten Jüngern Jesu, jungen Fischern, heißt es, nachdem er sie aufgefordert hat, ihm zu folgen: »Sie zogen die Boote an Land, ließen alles zurück und folgten ihm nach.« (Lukas 5,11) Jesus ist radikal, wenn es darum geht, dem Neuen, das er verkündet und in seiner Person bezeugt, zum Durchbruch zu verhelfen. »Geh, verkaufe, was du hast«, sagt er dem reichen Mann (vgl. Markus 10, 17–31); »laß die Toten ihre Toten begraben« (vgl. Matthäus 8,18–22). »Wer sein Leben retten will, wird es verlieren.« (Markus 8,35) Wer so eindringlich verlangt, daß Menschen ihr gewohntes Leben aufgeben, der muß ihnen dafür etwas Größeres, Wertvolleres, Anziehenderes bieten. Abenteuerlust allein reicht da nicht aus, obwohl es in der Natur des Menschen liegt, Altes hinter sich zu lassen und Neues zu ergreifen: Irgendwann verläßt der junge Mensch sein Elternhaus, um eigene Wege zu gehen. Er muß das tun: um seiner selbst willen, aber auch um seiner Eltern willen!

Im Neuen Testament ist auffallend oft vom Verlassen des Bisherigen die Rede, vor allem im Johannesevangelium und dort besonders in den sogenannten Abschiedsreden Jesu. Das Bild vom Weg prägt die Texte dieses Evangeliums: Jesus geht seinen Jüngern voraus, um ihnen den Weg zu bereiten (vgl. Johannes 14,2); dann kommt er wieder, um die Seinen zu sich zu holen und sie zum Vater zu bringen (vgl. Johannes 16,5f). Vor seinem großen Abschiedsgebet (vgl. Johannes 17) spricht Jesus von seinem persönlichen Lassen: »Vom Vater bin ich ausgegangen und in die Welt gekommen; ich verlasse die Welt wieder und gehe zum Vater.« (Johannes 16,28)

Verlassen und aufhören, loslassen und hinter sich lassen, um neu anzufangen, sind Themen, ja Erfahrungen, die sich durch die Bibel hindurchziehen. Dabei geht es um schmerzliche Entscheidungen und innere Kämpfe; um frei zu werden und neu. Jesus selbst hat diesen schmerzlichen Prozeß durchgemacht, wie Paulus im Philipperbrief schreibt: »Seid untereinander so gesinnt, wie es dem Leben in Jesus Christus entspricht: Er war

Gott gleich, hielt aber nicht daran fest, wie Gott zu sein, sondern er entäußerte sich und wurde wie ein Sklave und den Menschen gleich. Sein Leben war das eines Menschen; er erniedrigte sich und war gehorsam bis zum Tod, bis zum Tod am Kreuz.« (Philipper 2,5–8) Jesus hat alles hinter sich gelassen und losgelassen bis hin zu dem verzweifelten Schrei: »Mein Gott, mein Gott, warum hast du mich verlassen?« (Matthäus 27,46) Er hat die Worte von Psalm 22 aufgegriffen, dieses Liedes der Gottverlassenheit.

Was Jesus selbst vorgelebt und durchlitten hat, das ist für seine Jünger, für die Menschen in seiner Nachfolge, zum Vorbild und zum persönlichen Weg geworden.

Alles verlassen

Das ist die Geschichte eines jungen Mannes, der von seinen Eltern ein großes Vermögen geerbt hatte, das ihn aber nicht glücklich machte. Als er am Sonntag zur Messe geht, hört er im Evangelium die Geschichte eines anderen reichen jungen Mannes, der zu Jesus kommt und nach seiner persönlichen Vollkommenheit sucht. Da sagt ihm Jesus: »Wenn du vollkommen sein willst, geh, verkauf deinen Besitz und gib das Geld den Armen; so wirst du einen bleibenden Schatz im Himmel haben; dann komm und folge mir nach.« (Matthäus 19,21) Das ist ihm dann doch zuviel, und so geht der Reiche traurig weg. Aber der andere, der Hörer dieser Geschichte aus dem Evangelium, geht wirklich hin und verteilt seinen Besitz an die Armen. Er tut, was der Reiche im Evangelium nicht gewagt hat (so hat es Walter Nigg beschrieben in seinem Buch »Vom Geheimnis der Mönche«). Es ist die Geburtsstunde des christlichen Mönchtums im dritten Jahrhundert. Dieser hochherzige junge Mann hieß Antonius und gilt als Vater des Mönchtums.

Seit damals hat das Wort Jesu vom »Alles Verlassen« immer wieder suchende Menschen gepackt, nicht nur Mönche und Nonnen. Es ist ein Lassen, das nicht Selbstzweck ist, sondern ein Ziel hat: die größere Freiheit; offen und leer zu sein, um ganz von Gott erfüllt werden zu können. Das ist nicht Flucht, weder aus der Welt noch aus der Verantwortung; das ist Freiheit, Voraussetzung, um sich ganz dem Wort und Willen Gottes übereignen zu können. Es mag paradox klingen, aber es ist so: Diese Freiheit wird nur durch höchste Disziplin erreicht; es ist eben keine Freiheit der Beliebigkeit, sondern die Konzentration auf das Wesentliche. Das Vorbild dafür ist Jesus Christus selbst, von dem es im Philipperbrief heißt: »Er war Gott gleich, hielt aber nicht daran fest, wie Gott zu sein, sondern entäußerte sich und wurde wie ein Sklave und den Menschen gleich. Sein Leben war das eines Menschen, er erniedrigte sich und wurde gehorsam bis zum Tod, bis zum Tod am Kreuz. Darum hat Gott ihn über alle erhöht ...« (Philipper 2,6–9)

Diese Worte spielen in der Nachfolge Christi eine große Rolle, geben sie doch das Ideal wieder, dem sich viele Christen, nicht nur Mönche und Nonnen, verpflichtet wußten und wissen. Es geht um ein Die-Welt-Verlassen, auch ohne sich von den Menschen zu trennen und sich in die Einsamkeit zurückzuziehen. Es geht um den Blick über den allgemein menschlichen Horizont hinaus, um eine innere Erfahrung, die alle diesseitigen Dinge nicht geben können. Weil diese Erfahrung so anders ist als das »normale« Leben, ist sie nur schwer in Worte zu fassen, die alle vom »Alltagsgebrauch« bestimmt sind und bestimmte Assoziationen wekken.

»Was werden wir dafür erhalten?«

Die Begegnung Jesu mit dem jungen Mann hatte ein Nachspiel: Die Jünger hatten das Gespräch genau verfolgt, trafen die Worte doch auch auf sie zu und trafen sie deshalb im Innersten. Petrus spricht aus, was sie sich fragen: »Du weißt, wir haben alles verlassen und sind dir nachgefolgt. Was werden wir dafür bekommen?« (Matthäus 19,27) Und Jesus antwortet: Ihr werdet »das Hundertfache erhalten und das ewige Leben gewinnen« (Vers 29).

Die Jünger haben ihren bisherigen Lebensrahmen verlassen, und nicht jeder ihrer Verwandten und Freunde wird das verstanden und akzeptiert haben; so wollen sie in ihrer Unsicherheit wenigstens von Jesus bestärkt werden: Das Loslassen läßt den Menschen nicht in ein Loch fallen, sondern eröffnet ihm eine neue, eine größere Welt, die er zunächst mehr ahnt als versteht. Die Frage bleibt: Was bringt das? Aber sie wird nicht beantwortet durch den Hinweis auf ein schöneres, erfüllteres Leben, auch nicht mit dem vordergründigen Hinweis auf eine größere Belohnung. Den Wüstenvätern, den Mönchen und Nonnen der Frühzeit ging es um das Lassen, um das Freiwerden von allem, was dem Menschen und seinem Innersten entgegensteht und ihn somit entfremdet.

Das sind im Grunde die Dämonen, von denen in den Aussprüchen der Mönchsväter so oft die Rede ist: nicht irgendwelche Geister, die in den Menschen eindringen und sich dort festsetzen, sondern Regungen des Herzens, die den Menschen von seinem eigentlichen Ziel, der Vereinigung mit Gott, ablenken. Die Dämonen sind im Menschen selbst; er hat sie vielleicht noch nicht entdeckt, hält sie möglicherweise für seine vitalsten Bedürfnisse, ja Charaktereigenschaften. Die Meister des geistlichen Lebens haben seit früher Zeit den Menschen immer wieder geraten, diese Einflüsse abzuwehren, sie nicht überhand gewinnen zu lassen im Denken, Fühlen und Wünschen. Nur so kann der Mensch die Reinheit des Herzens erlangen, das Ziel seines persönlichen inneren Kampfes. Die alten Mönche haben dafür das griechische Wort »hesychia« verwendet, was man mit »Bewahrung des Herzens« übersetzen könnte. Das ist nicht etwas, das man machen kann; es ist ein Geschenk, das man vielleicht nie ganz besitzen wird. Aber es lohnt sich, auf dem Weg zu diesem Ziel zu sein, auch wenn unsere Erfahrung oft noch eine andere ist.

Abhängigkeit

Das ist unssere Erfahrung: Wir möchten, aber wir können nicht. Es gibt so vieles, von dem wir frei werden möchten, das wir hinter uns lassen wollen und das endlich zu Ende und abgeschlossen sein soll. Und dann kommt es wieder. Nein: Wir machen dieselben Fehler; wir bleiben in unseren schlechten Gewohnheiten; wir brauchen dieses und jenes; wir können uns davon nicht lösen. Unsere schlechten Gewohnheiten und Abhängigkeiten holen uns ein. Das ist frustrierend.

Wohl jeder von uns macht solche Erfahrungen, und sie gehören zum Schmerzlichsten, weil sie uns unsere Schwäche vor Augen halten: Du bist nicht der, der du sein willst. Du kannst dich nicht von diesem oder jenem befreien, so sehr du es auch willst. Der Bogen spannt sich von den schlechten Gewohnheiten bis zu den Abhängigkeiten und Süchten. Die Liste der schlechten Gewohnheiten – um es vorsichtig auszudrücken – wird immer länger. Und deshalb fällt mir das Anfangen, der neue Start auch so schwer. Wie das Anfangen und das Bleiben ist das Lassen ambivalent: Es gibt einen guten Anfang und einen Anfang zum Schlechten. Es gibt die Treue und Beständigkeit einerseits und die schlechte Gewohnheit andererseits. In dieser Spannung von Bleiben und Anfangen steht das Lassen. So klar das grundsätzlich ist und so richtig das auch klingt, es bleibt immer die Frage: Wann ist es Zeit, aufzuhören und etwas zu lassen, damit nicht nur Neues Platz hat, sondern ich selbst neu werde, wieder anfange, etwas wage, eine neue Chance wahrnehmen kann?

Wenn wir uns einmal bewußt würden, wie stark unser Verhalten, ja unser ganzes Denken und Handeln von Gewohnheiten geprägt und bestimmt ist, würden wir wohl erschrecken und Zweifel an unserer Freiheit bekommen. Wir Menschen sind Gewohnheitstiere – und wir müssen es bis zu einem bestimmten Grad auch sein. Wenn wir alles von vorne durchdenken, entscheiden und ausprobieren müßten, wäre unser Leben sehr mühsam, und wir würden wenig zustande bringen. Der Mensch braucht die Gewohnheit im Sinne von Erfahrung; er muß aber immer wieder auch den Rahmen des Bekannten, Erprobten und Vertrauten sprengen. Sonst wird sein Leben zu eng; sonst wird aus Gewohnheit leicht Abhängigkeit und Sucht. Das aber widerspricht genau unserem Ideal vom freien, selbstbestimmten und verantwortlichen Menschen. Der Abhängige und Süchtige ist nicht mehr – oder nur noch eingeschränkt – in der Lage, frei zu entscheiden. Die vielen Entscheidungen für das Falsche, für das Abhängig-machende, haben ihn so stark geprägt, daß er nicht oder kaum mehr frei ist.

Es gibt vieles, was der Mensch zum Leben braucht, nicht nur Essen und Trinken. Aber bei diesen selbstverständlichen Dingen wie bei allem anderen muß der Mensch lernen, damit umzugehen, ein verantwortbares Maß zu finden und dadurch frei zu bleiben von einer buchstäblich krankmachenden Fixierung. Wenn wir in diesem Zusammenhang von Drogen sprechen, denken wir oft nur an Alkohol, Rauschgifte und bestimmte chemische Substanzen. Abhängig kann uns alles machen, gegenüber dem wir nicht mehr frei sind und das wir ohne innere Kontrolle konsumieren. Das können Bilder, Vorstellungen und Szenen sein, kurz alles, was uns der Realität entfremdet. Manchmal wird die Gefährlichkeit solcher »Drogen« gar nicht oder viel zu spät erkannt, etwa bei »Workaholics«, arbeitssüchtigen Menschen, die von ihren Mitmenschen nicht selten ausgenutszt werden, indem man sie bestärkt oder ihnen noch etwas von der eigenen Arbeit aufbürdet.

Nicht weniger gefährdet sind Menschen, die sich etwas einreden und sich auf ein Thema, einen Mitmenschen oder ein Problem so sehr konzentrieren, daß der Bezug zur Gesamtrealität verlorengeht. Es sind Menschen, die sich immer stärker auf eine oder wenige Szenen fixieren, solange, bis nur noch dieser Bereich für sie Realität ist. So hart es klingen mag: Man kann diesen Menschen nur helfen, wenn man sie mit der ganzen Realität konfrontiert, ihnen aus ihrer Fixierung heraushilft. Was eng geworden ist im Lauf der Zeit, muß Schritt für Schritt wieder erweitert werden: durch ein Konfrontieren mit der Realität. Was Mark Twain von der Gewohnheit gesagt hat, gilt auch von der Sucht: »Eine Gewohnheit kann man nicht aus dem Fenster hinauswerfen. Man muß sie Stufe für Stufe die Treppe hinunter locken.« Nur von dem, was ich innerlich loslasse, kann ich auch frei werden. Dabei darf nicht das Bild dessen, von dem ich mich lösen möchte, im Vordergrund stehen, sondern das Bild dessen, was ich erreichen, wo ich hinkommen will, wie im Gleichnis vom verlorenen Sohn und barmherzigen Vater: »Ich will aufbrechen und zu meinen Vater gehen und zu ihm sagen: Vater, ich habe mich gegen den Himmel und gegen dich versündigt.« (Vgl. Lukas 15,11–32) Dieses Gleichnis zeigt aber auch die schmerzliche Erfahrung: Umkehr, in diesem Fall: Lassen, wird oft erst möglich, wenn der Mensch ganz unten ist.

Wo der Mensch zu verzweifeln und keinen Ausweg mehr zu sehen vermag – wenigstens keinen, den er selbst gehen kann –, kommt der Glaube ins Spiel und wird das Vertrauen gefordert.

»Ich will Gott meine Hoffnung überlassen«

Wer das sagen kann, hat schon einige Erfahrung gemacht mit dem Lassen, aber auch mit dem Nicht-lassen-können, mit den inneren Hindernissen, mit Schwellenängsten und mit dem Scheitern. Er weiß, daß er sich nicht auf sich selbst verlassen kann, weil er sonst wirklich verlassen ist. Dieses Lassen ist für alle Menschen aktuell; es ist für alle Christen eine Herausforderung des Glaubens; und es spielt im Mönchtum eine besondere Rolle. Einige Stichworte – sie können für den einzelnen konkrete Schritte bedeuten – sollen das verdeutlichen: Es beginnt mit dem Verlassen der Welt, von Bindungen an Menschen, von gewohnter Lebensweise. Damit verbunden, aber wohl schon einen Schritt weitergehend, ist hier das Loslassen des eigenen Ich, der Verzicht darauf, sich selbst als Mitte und Maß des Lebens zu betrachten. Nur wer das wirklich ernstlich versucht, kann sich auch auf Gott hin fallen lassen, wie es der Mönch tut, wenn er in der Profeß feierlich bittet: »Nimm mich auch, Herr, nach deinem Wort, und ich werde leben; laß mich in meiner Hoffnung nicht scheitern.« (Regel Benedikts 58,21)

Es ist aber nicht nur Gott, auf den ich mich als Mönch in der Profeß einlasse; es sind auch Menschen, ähnlich wie ich, mit ihren Stärken und Schwächen, also keine Idealgesellschaft. Rücksicht, Gehorchen im ursprünlichen Sinn von Auf-den-anderen-hören ist hier gefordert. Auch das hat etwas zu tun mit der Verläßlichkeit, die immer ein gegenseitiges Geben und Empfangen ist, eine alltägliche Herausforderung. Und es ist ein Zeichen der Armut, die in erster Linie nicht darin besteht, was ich besitzen darf oder nicht, sondern im Miteinander-Teilen unserer persönlichen menschlichen Armut, unserer Grenzen, Schwächen und Gewohnheiten, im Umgang der Schwachen miteinander.

Die persönliche Armseligkeit meiner selbst und der anderen nicht nur irgendwie auszuhalten, sondern darin die Hoffnung durchzuhalten, daß ich selbst und wir alle zusammen auf einem Weg zu Gott sind, verlangt viel Glauben und Hoffnung von uns, einen Glauben und eine Hoffnung, die niemals auf uns selbst gründen können. Das geht vielleicht noch mehr an die Nieren als der Verzicht auf Besitz oder Verfügung über dieses und jenes, was nicht selten als das Schwierigste im Kloster betrachtet wird. Das Gemeinschaftsleben erfordert viel an Verläßlichkeit, sonst wird es zur Hölle des Egoismus. Aber auch so wird die Rechnung rein menschlich betrachtet nicht völlig aufgehen. Der Mönch – und nicht nur er – muß lernen, sich mehr auf Gottes Barmherzigkeit zu verlassen als auf eigene Leistung und Fähigkeit (vgl. Regel Benedikts Prolog 29–32).

Darin zeigt sich bereits die Frucht des Lassens: Sich nicht in Einzelheiten verzetteln, sich nicht über einzelne Fehler aufregen, sondern sich ganz auf Gott verlassen und sich zugleich auf die Menschen einlassen, mit denen ich zusammenlebe. Das ist eine Herausforderung und ein Programm für das ganze Leben, besonders aber für die Fastenzeit, die der heilige Benedikt verstand als eine Zeit der Übung und der Rückkehr zu dem, wovon man sich im Laufe des Jahres immer häufiger dispensiert und damit entfernt hat.

Das Nachlassen meiner Kraft

Das Lassen ist nicht nur etwas, das wir selbst bestimmen, ja das wir steuern können und in der Hand haben. Irgendwann auf unserem Lebensweg spüren wir, daß wir nicht mehr so können, wie wir es gewohnt sind und wie es deshalb selbstverständlich für uns schien. Man spricht in diesem Zusammenhang gern – aber auch manchmal vorschnell – von der Krise der Lebensmitte. Dabei hängt die Erfahrung, daß die Kräfte nachlassen, oft stärker mit anderen Umständen und Beeinträchtigungen zusammen wie Krankheiten oder Unfällen. Ob wir wollen oder nicht: Solche Erfahrungen lassen uns an den Tod denken. Den sollen wir eigentlich immer vor Augen haben, sagt der heilige Benedikt (vgl. Regel Benedikts 4,47), aber das macht uns diesen Gedanken auch nicht angenehmer und hilft uns nicht, richtig damit umzugehen.

Das Nachlassen der Kräfte ist ein Signal, eine Aufforderung, nachzudenken, die Zukunft zu planen – machen können wir sie ja nicht – und nicht mehr nur in den herkömmlichen Kategorien von Leistung und Erfolg zu denken. Es ist fraglich, ob wir schon bei der ersten Erfahrung dieses Nachlassens der Kräfte richtig reagieren: weder durch Verdrängung noch in Panik. Schmerzlich ist diese Erfahrung vor allem dann, wenn sie offensichtlich unser ganzes weiteres Leben beeinträchtigen wird, etwa infolge einer Krankheit oder irreparablen Schädigung, durch Verlust eines lieben Menschen oder durch sonst einen Schicksalsschlag.

Und selbst, wenn es »nur« das Alter ist: Die Verunsicherung ist durchaus nicht geringer. Wir haben unser Leben geplant und gestaltet, wissen zwar im Hinterkopf, daß es nicht ewig so weitergehen kann und wird, glauben aber meistens nicht, daß es schon soweit ist, wenn es geschieht: daß wir krank werden oder invalid; daß die über Jahre uneingestandene Überforderung nun ihren Preis fordert.

Sich in neue, vielleicht weniger anstrengende Unternehmungen zu stürzen, ist meistens auch nicht hilfreich. Es verzögert den Prozeß nur, in dem wir nun stehen und dem wir uns stellen müssen: Das lassen, was buchstäblich überlebt ist; und das bedeutet: sich neu orientieren für die Zukunft, auch wenn diese nicht leichter vorauszusehen oder abzuschätzen ist als vorher. Meistens ändern sich ja auch die individuellen Lebensumstände in diesem Alter: Die Kinder verlassen das Haus oder sind schon ausgezogen; man selbst scheidet aus dem Arbeitsprozeß aus und weiß nicht, was man mit der plötzlich so vielen Zeit anfangen soll. Einen Teil der überlassenen Zeit nehmen uns Krankheit oder dieses und jenes Wehwehchen weg. Am schlimmsten dran ist wohl, wer bisher seinen Lebensweg allein gegangen ist; für ihn wird wahrscheinlich die Einsamkeit noch drückender.

Das Altern ist ein Ablösungsprozeß, ist eine eigene Krankheit, in den meisten Fällen mit dieser oder jener organischen Krankheit verbunden und nicht selten sich auch psychisch auswirkend. Albert Camus hat einmal gesagt: »Die Krankheit ist ein Kloster mit seiner Ordensregel, seiner Askese, seinem Schweigen und seinen Erleuchtungen.« Die Krankheit ist eine Lebensschule, eine Schule nach der ersten, in der wir gelernt haben, die Welt zu erobern und ihr unsere Prägung aufzudrücken. In der zweiten Lebensschule geht es darum zu lernen, wie man das Erworbene und Gestaltete losläßt – und dabei sich selbst losläßt und sich von der Rolle verabschiedet, die man bisher gespielt hat. Es ist durchaus angebracht, in der Rückschau einmal zusammenzustellen, was man schon gelassen, wovon man sich – vielleicht auch unfreiwillig – verabschiedet hat. Aber auch: Wovor man sich bisher gedrückt hat, ja weggelaufen ist. Und sich zu fragen: Was muß ich jetzt lassen? Wozu zwingt mich das Nachlassen meiner Kräfte? Wo muß ich innerlich der Entwicklung folgen, die mein Leib anzeigt, wovon mein Geist und meine Seele aber noch nicht überzeugt sind?

Das Einüben ins Sterben

Dazu mahnt der Mönchsvater Benedikt von Nursia (vgl. Regel Benedikts 4,47). Für die meisten ist das eher eine Provokation. Einmal, weil es sehr verunsichernd wirken kann, ja vielleicht auch übertriebene Ängste weckt, zum anderen weil es zu einer unguten Fixierung auf den Tod führen kann, da, wo eigentlich die Hinwendung zum Leben und zu dessen Gestaltung gefordert ist. Unsere Gesellschaft zeichnet sich eher dadurch aus, daß sie den Tod verdrängt: Man spricht nicht über den Tod, um ihn nicht zu provozieren und nicht mit ihm konfrontiert zu werden. Umso hilfloser reagiert der Mensch dann, wenn er dem Tod nicht mehr ausweichen kann, sondern sich ihm stellen muß: etwa wenn ein ihm nahestehender Mensch stirbt oder der Betroffene selbst aufgrund einer Krankheit oder eines Unfalls plötzlich mit der Möglichkeit, ja Wahrscheinlichkeit des eigenen Todes konfrontiert wird. Das längere Leben macht es dem Menschen durchaus nicht leichter, sich mit dem Gedanken an den Tod vertraut zu machen; es führt eher dazu, diesen Gedanken zu verdrängen und die Auseinandersetzung mit dem Tod hinauszuschieben.

Im 19. Jahrhundert und auch noch in den ersten Jahrzehnten des 20. Jahrhunderts war den meisten Menschen nur eine relativ kurze Zeit gegeben, sich mit dem eigenen Tod auseinanderzusetzen. Die Fortschritte der Medizin und Hygiene haben das Leben der Menschen deutlich verlängert. Ob dadurch aber das Altern leichter fällt oder »menschlicher« geworden ist, darf bezweifelt werden. Dem heutigen Menschen fällt wahrscheinlich das Sterben schwerer als früheren Generationen. Das Loslassen insgesamt fällt schwer; das ist ganz natürlich: Je mehr der Mensch hat, desto schwerer fällt es ihm, etwas abzugeben, ja das Ganze, das Leben, sich selbst loszulassen. Das Alter als eigene Lebensform nach der Jugend und dem meist sehr aktiven Berufs- und Erwachsenenleben hat in den letzten Jahrzehnten zweifellos ein größeres Gewicht bekommen. Umso deutlicher wird in der dritten Lebensphase das innere Verarbeiten und schließlich Zustimmen zum eigenen Überflüssigsein als Aufgabe erkannt, das Loslassen lange bevor der Tod kommt. Viele Menschen sind gerade in diesem Lebensabschnitt überfordert, besonders dann, wenn Arbeit und Beruf sie (fast) ausschließlich gefordert haben. Wo früher die Zeit für die Todesvorbereitung oft nur kurz war oder gar völlig fehlte, wird heute der dritte Lebensabschnitt als eine Zeit des Lassens mit durchaus neuen Anfängen erlebt. Das kann aber auch dazu verführen, die Vorbereitung auf das persönliche und definitive Lassen, auf den Tod, zu versäumen.

Nicht alle Menschen machen mit dem Lassen und inneren Abgeben die gleichen Erfahrungen. Aber es gibt durchaus so etwas wie allgemein gültige Stufen des Loslassen und damit des Einübens ins Sterben. Grob skizziert kann man von drei Stufen oder Bereichen des Loslassens sprechen, die im folgenden näher erläutert werden sollen.

Dinge lassen

Das ist zunächst eine ganz einfache menschliche Erfahrung: Wir können nicht alles behalten oder aufheben, was wir uns einmal angeeignet haben. Wir müssen uns von uns lieb gewordenen Dingen verabschieden. Diese Erfahrung macht schon das Kind, das irgendwann über dieses oder jenes Spielzeug hinausgewachsen ist und diese oder jene Gewohnheit ablegt. Manchmal werden uns auch Dinge, ja Sicherheiten genommen, und wir müssen uns neu orientieren, müssen wieder Vertrautes um uns schaffen. Je länger wir an einem Ort sind, desto mehr sammeln wir an und desto leichter werden wir besessen, als daß wir selbst bewußt besitzen und nutzen. Daß weniger dann ein Mehr sein kann, zeigt uns die Aszese ebenso wie die vielen, nicht zuletzt religiös motivierten Armutsbewegungen. Daß es dabei vor allem auf die innere Haltung ankommt, zeigt die gerade im Ordensleben häufig verwendete Formulierung: »Besitzen, als besäße man nicht.« Das Einüben ins Loslassen von Dingen sollte frühzeitig beginnen, um sich wirklich innerlich zu lösen, denn je mehr wir loslassen, desto freier und damit offener für neue Erfahrungen werden wir, nicht zuletzt für die heilsame Erfahrung, wie wenig wir wirklich brauchen.

Menschen loslassen

Das geht schon tiefer, ist persönlicher und damit schmerzlicher: Wir müssen uns lösen von den uns lieben Menschen, mit denen wir zusammen gelebt, die unser Leben geprägt haben. Damit lösen wir uns ein Stück von uns selbst und nehmen schon etwas von dem dritten Schritt des Loslassen vorweg. Im Unterschied zu den Dingen, die wir lassen, ist die Verbindung zu Menschen tiefer, ja ist persönlich: Wir sind für diese Menschen verantwortlich; haben sie an unserem Leben teilhaben lassen und sind Teil ihres Lebens geworden. Auf der tiefsten Ebene menschlicher Begegnung wiegt der Abschied am schwersten. Loslassen kann auf beiden Seiten heißen: einander verbunden bleiben, umeinander wissen und füreinander einstehen. Wo in diesem Prozeß des Loslassens von uns lieben Menschen der endgültige Abschied – wenigstens was unsere irdische Existenz betrifft – angesagt ist, da wird noch einmal die Begegnung und die Gemeinschaft besonders intensiv erfahren. Da kann vielleicht auch gesagt werden, was bisher nicht zur Sprache kommen konnte, was noch nicht gewagt wurde. Das ist besonders in den westlichen Gesellschaften wichtig, wo oft der Tod verdrängt wird, tabuisiert, solange das Leben noch irgendwie weitergeht.

In ursprünglicheren Gesellschaften hat das Sterben als ein Prozeß des Loslassens einen hohen Stellenwert, was sich darin zeigt, daß der Tod nicht so lange wie irgend möglich verdrängt wird. Der Mensch stirbt vielmehr in der Gemeinschaft derer, mit denen er gelebt hat, und nicht irgendwo in der Anonymität eines Krankenhauses oder Heimes. In den ihn umstehenden Verwandten und Freunden scheint noch einmal das Leben auf, von dem der Sterbende läßt und das ihn endgültig losläßt.

Sich selbst loslassen

Das ist wohl das Schwerste, denn der Mensch hängt – aus einem ganz natürlichen und gesunden Selbsterhaltungstrieb – an seinem Leben und hält sich selbst fest. Sich selbst loslassen bedeutet, den eigenen Tod annehmen und zum Sterben ja sagen, zugeben und annehmen, daß wir mit all unserem Können, ja selbst mit dem Leben am Ende sind und uns nur eines bleibt: uns ganz der Barmherzigkeit Gottes anzuvertrauen. Das geht kaum ohne ein Bangen und ohne Angst, da manches in unserem Leben unfertig, unvollendet geblieben ist. Hinzu kommt die Schuld, die uns noch drückt, gerade da, wo wir uns noch nicht mit den anderen versöhnt, wo wir noch nicht Vergebung erfahren haben.

Den Tod täglich vor Augen zu haben, mahnt uns – wie bereits zitiert – der heilige Benedikt. Er will damit nicht ängstigen, sondern gerade den Schrekken des Todes nehmen oder zumindest abschwächen. Vor allem sollen wir begreifen und annehmen lernen, daß es gerade beim Sterben nicht allein auf uns ankommt. Was wir im Leben schon tun können, ist, uns der Barmherzigkeit Gottes anvertrauen, ja überantworten. Das ist ein unter Umständen nicht leichtfallendes Eingeständnis unserer persönlichen Begrenztheit und Unvollkommenheit, auch unserer Schuld. Es ist die letzte Form des Glaubens, den wir im Angesicht des Todes bezeugen.

Gelassenheit

Das Lassen ist das Letzte, das der Mensch fertigbringen muß: sich selbst loslassen und zulassen, daß er vergeht – und doch aufgenommen wird von dem, der von sich gesagt hat: »Ich bin der Weg, die Wahrheit und das Leben.« (Johannes 14,6) Um diesen letzten Schritt zu vollziehen und sich in vielen kleinen aber sehr persönlichen Schritten des bewußten eigenen Lebens darauf vorzubereiten, muß der Mensch gelassen werden, muß sich mit dem Gedanken des Alles-Loslassens vertraut machen.

Die Angst, vor allem wenn sie in Panik ausartet, ist da ein schlechter, wenn auch häufiger Ratgeber. Gelassen kann nur werden, wer das Gewesene und Gewordene zuläßt, und das bedeutet: Wer die Vergangenheit vergangen sein läßt, nicht indem er sie leugnet, sondern im Zugeben sich doch von ihr löst. Innere Unruhe hängt zusammen mit uneingestandenen oder verdrängten Ängsten, mit heimlicher und nicht aufgearbeiteter Schuld. Augustinus hat diese Unruhe selbst erfahren und gesagt: »Unruhig ist unser Herz, bis es ruht in dir«, womit er an ein Wort Jesu anknüpft: »Kommt alle zu mir, die ihr euch plagt und schwere Lasten zu tragen habt. Ich werde euch Ruhe verschaffen.« (Matthäus 11,28)

Gelassenheit hat nichts mit Verdrängen zu tun, nichts mit Selbsttäuschung; ganz im Gegenteil: Nur wer sich selbst erkennt, kann der Selbsttäuschung entgehen und kann darauf verzichten, andere zu täuschen. Gerade dann, wenn wir verunsichert sind, neigen wir dazu, entweder zu gut oder zu schlecht von uns zu denken. Und die Tatsache, daß wir zwischen diesen Extremen ziemlich schnell und oft hin- und herschwanken, zeigt, daß wir alles andere als gelassen sind.

Gelassenheit als Frucht eines vielfältig geübten Lassens soll und wird dazu führen, daß wir uns mit uns selbst zu versöhnen lernen: ohne faule Kompromisse, aber auch ohne ständige Angst. Nur aus der Annahme des Menschen, der ich bin, kann ich mich mit mir selbst versöhnen, kann ich von mir lassen und mich loslassen auf das, was kommen wird. Und das ist letztlich Gelassenheit, die Frucht des Loslassens.

In einem Symbol wird das Loslassen und die daraus entstehende Gelassenheit anschaulich: in der offenen, in der bewußt geöffneten Hand. Sie ist offen, zu geben; und sie ist offen, zu empfangen. In der religiösen, speziell christlichen Symbolik spielt diese geöffnete Hand leider eine vernachlässigte Rolle. Vielleicht ist das ein Hinweis darauf, daß der Glaube noch zu wenig als Gelassenheit verstanden, gelebt und gesucht wird.

IV. Drei Schritte zur Reife

Seit dem Frühjahr 1995 gebe ich Kurse – meistens über ein Wochenende – zu der Thematik des Anfangens, Bleibens und Lassens. Die Teilnehmerzahl in verschiedenen Häusern zeigt, daß dieses Thema offensichtlich ein Bedürfnis anspricht. Ohne hier im einzelnen den Verlauf dieser Kurse wiedergeben zu wollen, seien doch einige Elemente dargestellt, die auch der einzelne anwenden kann, um sich in diese Thematik zu vertiefen. Nach einer Einführung in das Thema und den geplanten Verlauf des Kurses erhalten die Teilnehmer einen kurzen Fragebogen, dessen Fragen zur persönlichen Reflexion und zum Einstieg dienen wollen.

Fragen und Impulse zur persönlichen Reflexion

Anfangen – Bleiben – Lassen

Anfangen

Was / Wann habe ich zuletzt angefangen?
Was / Wie sollte ich anfangen?
Welche Schwierigkeiten habe ich mit dem Anfangen?

Bleiben

Wo bleibe ich stehen?
Was halte ich fest?
Woran will ich festhalten?
Fällt es mir schwer, zu bleiben?

Lassen

Was habe ich bereits (los)gelassen?
Wen will ich loslassen?
Was muß ich lassen?
Wovon will ich frei werden?

Diese Fragen dienen der persönlichen Reflexion, als Einstieg in die Lebensbetrachtung nach dem Dreischritt »Anfangen – Bleiben – Lassen«.

Neben dem Faktischen geht es besonders um das persönliche Empfinden, um das Bewußtwerden des eigenen Erlebens beim Anfangen, Bleiben und Lassen. Nicht jeder erlebt die drei Schritte als gleichwichtig oder gleichwertig, hilfreich oder belastend. Wo liegt mein persönlicher Akzent? Was fällt mir leichter? Wovor habe ich Angst? Was widerstrebt mir gefühlsmäßig? Was ist für mich momentan aktuell?

Mit der persönlichen Reflexion anhand des Fragebogens ist der Anfang gemacht. Ich verzichte bewußt auf ein Einführungsreferat – die notwendigen Informationen erfolgen zu jedem weiteren Schritt –, da das Thema sehr persönlich ist und von Anfang an darauf geachtet wird, daß jeder Teilnehmer möglichst bald einen persönlichen Zugang zur Thematik bekommt und den für ihn persönlich wichtigen Schritt erkennt. Über die Erfahrungen mit dem Fragebogen ergibt sich meistens ein sehr lebendiges Gespräch – ein Zeichen dafür, daß die Fragen zur persönlichen Reflexion hilfreich sind.

In der Folge präsentiere ich zu den drei Schritten biblische Texte, an denen dann typische Verhaltens- und Reaktionsweisen besprochen werden; dazu teile ich die Kursteilnehmmer und -teilnehmerinnen in Gruppen, die dann über ihre Erkenntnisse und Erfahrungen berichten.

Für das Anfangen biete ich folgende Schrifttexte an: Zachäus (Lukas 19,1–10); der Gelähmte (Johannes 5,1–9); Petrus auf dem See (Matthäus 14,25–33); die Emmausjünger (Lukas 24,13–35); die zehn Jungfrauen (Matthäus 25,1–13); der reiche Mann (Markus 10,17–22). Angefügt werden Texte über das Thema »Anfangen« bei den Wüstenvätern und im alten Mönchtum.

Zum Thema »Bleiben« hat sich vor allem das biblische Gleichnis vom Vater und seinen beiden Söhnen (oft auch bezeichnet als Gleichnis vom verlorenen Sohn) in Lukas 15,11–32 bewährt. Dieser Schrifttext wird nicht nur besprochen, sondern in einem Rollenspiel weiterzuführen versucht: Die beiden ungleichen Söhne werden vom Vater zusammengeführt. Dieses Rollenspiel ist jedes Mal von einer besonderen Dichte und hat nicht selten einen überraschenden Schluß. Dem biblischen Element folgt auch hier der Hinweis auf das Thema »Bleiben« im Mönchtum seit früher Zeit, aber durchaus aktualisiert: Bleiben zwischen Treue und Trott.

Beim Thema »Lassen« stehen zunächst wieder die biblischen Texte im Vordergrund, vor allem Abraham und seine Berufung (Genesis 12); der Exodus Israels (Exodus 12–18); dann die Schriftstelle, die für Antonius, den späteren Mönchsvater, entscheidend war (Matthäus 19,16–22, vgl. Markus 10,17–31); sodann Philipper 2,5–11 und 3,13. Die Verbindung zum Mönchtum ergibt sich durch den genannten biblischen Text aus Matthäus 19. Hier empfiehlt sich, den Teilnehmern mehr Zeit zu lassen zur persönlichen Reflexion, weil offensichtlich das Thema »Lassen« in vielen Lebensgeschichten einen besonderen Akzent trägt oder einfach »dran« ist. Hier spielt die Thematik »Abhängigkeit und Sucht« eine große Rolle.

Nach der Behandlung der drei einzelnen Schritte ist es wichtig, die Zusammenhänge genauer anzuschauen und die Übergänge zu betrachten, weil letztere ja einen Einschnitt im Leben bedeuten bzw. eine Änderung im bisherigen Leben und Verhalten fordern. Dabei ist es wichtig aufzuzeigen, daß diese Übergänge etwas ganz Natürliches sind, der Mensch also auf verschiedenen Ebenen oder Schichten seines Lebens, seiner konkreten Lebensgeschichte anfangen, bleiben und lassen muß. Der Mensch ist von dieser Grundstruktur geprägt, ja bestimmt: vom Tag über das Jahr (nicht zuletzt auch in der Natur!) bis hin zur gesamten Lebenszeit des Menschen. Den Blick für diese Grundstruktur zu schärfen, ist das Anliegen im letzten Teil des jeweiligen Kurses, damit die Teilnehmer sensibilisiert werden für eine persönliche

Lebensbetrachtung und darin für eine ehrliche Standort- oder Zustandsbestimmung.

Man kann die drei Schritte in der Form eines Kreises oder eines Dreiecks anordnen: Das Anfangen schreitet fort (»Fortschritt«) zum Bleiben; das Bleiben schreitet fort zum Lassen; und das Lassen schreitet fort zum Anfangen, womit sich dieser Zyklus schließt. In umgekehrter Richtung werden die jeweiligen Voraussetzungen (»voraus setzen«) deutlich: Um (neu) anzufangen, muß man zunächst (das Alte) lassen; nur etwas, bei dem man geblieben ist, kann man auch lassen; und bleiben kann man nur, wenn man angefangen hat.

Was vielleicht auf den ersten Blick theoretisch erscheint oder wie eine Spielerei anmutet, wird in dem Moment als existentielle Wahrheit erkannt, in dem man sich selbst, sein Leben und Handeln, sein Verhalten und seine Blockierungen einsetzt und mit Namen benennt. Das muß dem Leser selbst überlassen bleiben. Aus der Erfahrung der Kurse zum Thema und Titel dieses Büchleins möchte ich in der Folge nur einige Beispiele dieser Struktur des Anfangens, Bleibens und Lassens anführen, an denen wohl deutlich wird, wie allgemein diese Grundstruktur für den Menschen und seine verschiedenen Lebens- und Arbeitsbereiche ist.

Der Mensch wird geboren (setzt also den Anfang seines Lebens nicht selbst), lebt (und die steigende Lebenserwartung ist nicht in jedem Fall ein Segen) und stirbt. Das sind geradezu die klassischen Stationen menschlichen Lebens, ja allen

Lebens, das deutlichste Beispiel für die Grundstruktur von Anfang, Bleiben und Lassen. Engen wir den Lebenskreis etwas ein und beschränken ihn auf das bewußte und selbstverantwortete Leben, so können wir die drei Schritte folgendermaßen umschreiben: Seinen Platz suchen und finden – den (Lebens-)Ort besetzen – Fortgehen. Das gilt etwa für den Bereich der Arbeit. Bezogen auf das Schaffen von materiellen Werten können wir den Dreischritt charakterisieren mit den Begriffen: Erwerben – Festhalten – Abgeben/Veräußern; oder auch: Aufbauen – Durchführen/Durchhalten – Abgeben/Delegieren.

Im zwischenmenschlichen Bereich, etwa in der Ehe, zeigt sich die Grundstruktur im Verlieben – die Liebe leben und sie Frucht bringen lassen – den Lieben lassen (etwa durch Trennung oder Tod). Oder allgemeiner ausgedrückt und damit nicht nur für die Ehe geltend: Eine Beziehung aufbauen – in der Beziehung leben (= Treue) – den anderen (ver)lassen. Diese Schritte oder Entwicklungsstufen menschlicher Beziehung gelten nicht nur für das Verhältnis von Mann und Frau, sondern auch für das Verhältnis von Eltern und Kindern: Ein Kind in die Welt setzen – das Kind aufziehen (und damit erziehen, prägen und formen) – das Kind in die Selbständigkeit entlassen.

Ganz allgemein und in Symbolen zeigt sich dieser Dreischritt im Ergreifen – Festhalten – Loslassen, oder: Griff (= sich schließende Hand) – geschlossene Hand – geöffnete Hand.

Im Umgang mit Dingen und näherhin im Bezug von Dingen auf den Menschen hin (auch in der Wirkung auf den Menschen) steht für den Anfang das Probieren, für das Bleiben die Gewöhnung und als dritter Schritt das Lassen. Dies zeigt sich besonders deutlich in einem existentiell sehr wichtigen Bereich: im Versuchen (meistens mit der Neugier verbunden) – in der fortschreitenden Gewöhnung bis hin zur Sucht als Abhängigkeit – und in dem schmerzlichen Prozeß des Entzuges. Hier zeigt sich, wie die Grundstruktur der drei Schritte bis in die tiefsten und am schwierigsten zu bewältigenden Bereiche menschlichen Verhaltens hineinreicht.

Was für den Extremfall gilt, ist im Grunde die immer gleiche Dynamik menschlicher Prozesse allgemein: Auf Begeisterung (wenn sie nicht nur oberflächlich ist) folgt Beständigkeit; und irgendwann kommt die Zeit für die Distanz, für Abschied oder Ende.

Auch im Prozeß des Lernens finden wir die Grundstruktur der drei Schritte: Das Erwerben von Wissen, die Anwendung des Wissens (und Könnens, ja jeglicher Fertigkeit) und das Vergessen oder Verlernen, sei es mangels Übung oder aus Gründen des Alters, einer Krankheit oder Behinderung. Allgemeiner formuliert: Ausbildung – Berufsausübung – Ruhestand, womit zugleich das Berufsleben in seinen Stadien umschrieben ist.

Was vorausgehend anhand einiger Lebensbereiche konkretisiert worden ist, kann man verallgemeinernd mit den drei Wörtern umschreiben:

Aufbruch – Weg – Ziel. Dieser Dreischritt findet sich auch in unserem Zeitverständnis wieder: Morgen – Mittag (Vor- und Nachmittag) – Abend (und Nacht). Gerade im Zusammenhang mit der Zeit bzw. unserem Zeiterlebnis und dadurch -verständnis wird deutlich, wie tief diese Grundstruktur dem Leben nicht nur des Menschen, sondern der gesamten ihn umgebenden Natur eigen ist: Einatmen – den Atem anhalten – Ausatmen. Oder: Essen – Sättigung – Hunger.

Auch im Zyklus des Jahres finden wir den Dreischritt wieder: Frühling – Sommer/Herbst – Winter. Es ist zugleich der Rhythmus der Natur, in dem sie sich entwickelt, verausgabt und regeneriert. Oder auf die Pflanze bezogen: Blüte – Reife und Frucht – Verfall und Verdorren wie das Herbstlaub. In Farben ausgedrückt zeigt sich dieser Dreischritt in der Natur: Hell (junges, zartes Grün) – Leuchten (satte Farben) – Dunkel (Verwelken).

Jeder der drei Schritte hat seine eigenen Chancen und stellt Herausforderungen dar: Beim Anfangen geht es darum, sich auf ein Ziel auszurichten und die Kräfte für den Beginn und den weiteren Weg zu sammeln. Es ist oft schnell und leicht etwas angefangen, das in sich aber nicht die Kraft des Bestehens und damit Bleibens hat. Das Bleiben hat seine eigenen Chancen und Herausforderungen: Da ist zum einen die Freude am Erreichten zu nennen; aber man darf sich auf dem Erreichten nicht ausruhen. Bleiben hat mit Tradierung zu tun; nicht alles muß jedes Mal von jedem neu erfunden werden. Tradierung kann aber auch zum Selbstzweck werden und führt dann leicht zur Erstarrung und Selbstzufriedenheit. Besonders das Lassen wird als Herausforderung und Chance erkannt und genutzt: Der Mensch läßt hinter sich, was für ihn überlebt ist, gerade wenn er davon bisher zu abhängig war. Das geht nicht ohne Schmerz, so wie jede Trennung von etwas Vertrautem Schmerz bedeutet.

Ein eigener Bereich, in dem der Dreischritt des Anfangens, Bleibens und Lassens eine große Rolle spielt, sind die Tugenden. Eine Zeitlang sind die Tugenden lächerlich gemacht, ja als nicht ungefährliche Fremdbestimmung und Flucht vor der eigenen Verantwortung verdächtigt und verketzert worden. Daß sie Werte darstellen, die für ein gelungenes Leben wichtig sind, wird nicht zuletzt im Kontext von Anfangen – Bleiben – Lassen deutlich:

Die Tugend des Anfangens ist der Mut, das begründete Wagnis, der erste Schritt nicht aus Vermessenheit sondern Überlegung. Die Tugend des Bleibens ist die Treue, sowohl zu sich selbst als auch zu anderen Menschen, die Treue zu einer Arbeit oder Pflicht, aus Einsicht und Verantwortung. Treue hat viel zu tun mit Bescheidenheit, das meint: mit dem Sich-bescheiden mit dem, was einem gegeben oder aufgegeben ist. Bescheidenheit besteht darin, daß der Mensch seine Grenzen kennt und anerkennt. Das macht ihn nicht ärmer und macht sein Leben nicht enger, als es sein müßte, sondern eher erfüllter, weil realistischer.

Die Tugend des Lassens ist die Großherzigkeit oder Weitherzigkeit und damit genau das Gegenteil von dem so oft zu beobachtenden verkrampften Festhalten, was meist auch ein Stück Machtausübung bedeutet, zumindest den Versuch, über andere Macht zu behalten. Bei der Großherzigkeit geht es, wie das Wort von seinem Stamm her schon zu erkennen gibt, um das Innerste des Menschen, um die Einstellung seines Herzens.

Neben den Tugenden, dem Bereich des gelungenen Lebens, verdient auch das Gegenstück Betrachtung: die Versuchung und damit die leichter scheinenden, im letzten aber falschen Auswege. Für den Anfang ist es beispielsweise die Neuerungssucht. Man sucht nach etwas Neuem, weil man mit dem Bisherigen oder Alten nicht zufrieden ist. Dabei ist es weniger wichtig, ob das Neue, der Anfang, besser ist als das Bestehende und Geltende. Als menschliche Untugenden oder falsche Einstellungen sind hier zu nennen die Oberflächlichkeit und Flatterhaftigkeit. Die Versuchung des Bleibens ist die innere Trägheit und Bequemlichkeit: Es braucht sich nichts zu ändern, und vor allem brauche ich mich nicht zu ändern. Hier wird das Weiterwachsen, das immer auch ein Lassen des Bisherigen bedeutet, vernachlässigt oder geleugnet. Mit dem Bleiben wird der Prozeß beendet oder abgebrochen. Wo aber unter Umständen doch gelassen wird, geschieht dies – passend zur Trägheit und Bequemlichkeit – beliebig und damit letztlich verantwortungslos, wie aus einer Laune heraus und nicht oder nur wenig begründet.

Mit diesen Versuchungen sind Verhaltensweisen angesprochen, die nicht nur gelegentlich vorkommen, sondern die zu festen Gewohnheiten werden können und damit zu Untugenden, also genau zum Gegenstück gelungenen Verhaltens und Lebens: Mut contra Oberflächlichkeit, Treue contra Beliebigkeit, Großherzigkeit contra Bequemlichkeit und Verantwortungslosigkeit.

Es geht nicht darum, einen Katalog von Tugenden und Untugenden aufzustellen und Menschen mit Attributen oder Werturteilen zu versehen. Es geht um die bessere – und das bedeutet: tiefere – Erkenntnis seiner selbst und darum zu lernen, wie man sich selbst korrigieren kann, gerade in der Anwendung dieses allgemein geltenden Prinzips von Anfangen – Bleiben – Lassen.

Graphisch kann man – wie bereits erwähnt – die drei Schritte als Segmente eines Kreises darstellen, eines Zyklus, der sich nicht nur einmal vollzieht, sondern immer wieder eröffnet wird und eröffnet werden muß, damit der Mensch sich öffnet für den Prozeß der Weiterentwicklung, des Wachsens und Reifens. Das Bild von der Kreisbewegung eines Zyklus muß um die dritte Dimension erweitert werden: die Tiefe. So wird aus dem Kreis eine Spirale, ein Auf- und Absteigen, ein Bild nicht zuletzt auch dafür, wie der Mensch sich selbst sieht und seine Entwicklung zu beeinflussen versucht: um selbstverantwortlich und verantwortbar zu leben und nicht nur gelebt zu werden.

Grenzerfahrungen

Die drei vorausgehend skizzierten Schritte hängen zusammen und folgen aufeinander – sie bilden einen Zyklus. Graphisch kann man sie in einem Kreis oder Dreieck anordnen. Jeder dieser Schritte hat seine Hemmnisse und Schwierigkeiten, gerade weil er mit den beiden anderen zusammenhängt! Das sei kurz aufgezeigt:

Dem *Anfangen* entgegen steht die persönliche Unentschlossenheit, die genährt wird durch Bedenken, wenn es darum geht, sich für etwas zu entscheiden. Zu viele Bedenken, Ängste und schlechte Erfahrungen stehen oft dem Anfangen im Weg, verzögern und behindern es oder machen es von vornherein unmöglich.

Die biblische Begebenheit von dem Gelähmten am Teich Betesda (vgl. Johannes 5,1–9) ist ein Beispiel dafür: Der Gelähmte ist ganz darauf fixiert, daß ein anderer ihm hilft, rechtzeitig in den Teich zu steigen, dann nämlich, wenn das Wasser aufwallt und seine heilende Kraft entfaltet. Jedes Mal wird er enttäuscht, weil ein anderer ihm zuvorkommt. Auf die Frage Jesu »Willst du gesund werden?«, antwortet er: »Herr, ich habe keinen Menschen, der mich, sobald das Wasser aufwallt, in den Teich trägt.« Darauf ist er fixiert, als könne Heilung ihm nicht auch anders geschenkt werden. Er hat es aufgegeben, nach anderen Wegen zu suchen, ja überhaupt noch auf Heilung in irgendeiner anderen Weise zu hoffen. Er wartet, und verpaßt damit vielleicht andere Möglichkeiten und

Wege, geheilt zu werden. Das Leben eines solchen Menschen wird immer enger, weil er sich selbst keinen weiteren Spielraum mehr zugesteht, ja vielleicht schon gar nicht mehr weiter zu hoffen und zu denken wagt, um nicht enttäuscht und neuerlich verletzt zu werden. Die Tugend des Anfangens ist der Mut; das Laster (oder die Versuchung) des Anfangens ist die Oberflächlichkeit und die Flatterhaftigkeit.

Dem *Bleiben* stellt sich entgegen die innere Unruhe, das rastlose Suchen nach Neuem, Interessantem, nach Abwechslung. Blaise Pascal und lange vor ihm Benedikt von Nursia haben diese menschliche Schwäche, die den Menschen hindert, zu bleiben, treffend charakterisiert: »Nicht in seinem Zimmer bleiben zu können«, nennt es Pascal. Benedikt verwendet den Ausdruck »Beständigkeit« nicht nur im Prolog seiner Regel in der Formulierung »im Kloster ausharren bis zum Tod«, nicht nur in der Profeßformel, wo die Beständigkeit zum eigenen Gelübde wird, auch nicht nur bei den »Werkzeugen der geistlichen Kunst« (Kapitel 4). Die Beständigkeit wird vielmehr im 61. Kapitel (»Die Aufnahme fremder Mönche«) zum Synonym für die klösterliche Lebensform überhaupt: »Will er sich aber zur Beständigkeit verpflichten, weise man einen solchen Wunsch nicht zurück.«

Das Bleiben in diesem Sinn ist für Benedikt die Mitte des Mönchslebens: Im Bleiben zeigt sich die innere Beständigkeit, das Daran-Bleiben, wenn es um die Gestaltung des persönlichen Lebens nach dem »monastischen Prinzip« geht, eine Treue, die nicht zum Trott werden darf. Die Tugend des Bleibens ist die Treue und Verläßlichkeit; das Laster und die Versuchung des Bleibens ist die Trägheit und Unbeweglichkeit.

Beim *Lassen* geht es um das Überwinden des Bleibens, des Bleibens, in seiner negativen Form als Fixierung und Abhängigkeit, gerade in der Form der Sucht, die sich im Bekenntnis ausdrückt: »Ich kann es nicht lassen« (und will es vielleicht im Letzten auch gar nicht). Nicht selten fällt das Lassen deshalb so schwer, weil es uns mit Ungewohntem, mit Neuem konfrontiert und uns vor die Schwierigkeit stellt, uns von Vertrautem zu lösen, weiterzugehen und uns selbst weiterzuentwickeln.

Unser Leben vollzieht sich nicht immer gleichmäßig und ruhig; es gibt vielmehr Schübe, die sich durch ein Loslassen auszeichnen, das nicht ins Bodenlose fallen läßt, sondern die Chance des Neuanfangs in sich birgt. Je stärker dieses Neue, dieser Anfang in den Blick kommt, desto leichter wird es wohl auch fallen, den Schritt des Lassens zu vollziehen, ihn ohne zu große Angst zu wagen. Verkörpert sich das Bleiben in der Beständigkeit und Verläßlichkeit, etwa in der mönchischen Lebensform, so steht das Lassen für den freien Menschen, der sich lösen und zu neuen Horizonten aufbrechen kann.

So schließt sich der Kreis: Wo das Lassen gelingt, da kann auch angefangen werden. Dafür steht biblisch Abraham, der Gottes Verheißung traute und das Land seiner Väter verließ. Dafür steht aber auch Generationen später der Exodus Israels aus Ägypten. Lassen ist immer ein Wagnis zur Freiheit. Die Tugend des Lassens ist die Großherzigkeit; das Laster ist die Beliebigkeit und das Verweigern von Verantwortung.

Schluß

Die Aufgabe bleibt: Weitergehen, den nächsten Schritt tun.

Anfangen – Bleiben – Lassen, das sind drei Schritte, die wir in unserem Leben ungezählte Male tun, durchaus nicht immer bewußt. Und doch müssen wir verantworten, welchen Weg wir gehen. Und ebenso, wenn wir uns nicht bewegen, nicht ändern. Die drei Schritte des Anfangens, Bleibens und Lassens sind ein Aufruf gegen die Resignation vor der angeblich unmöglichen Weiterentwicklung, vor dem Festgefahren-Sein in Gewohnheiten und Fremdbestimmungen.

Die drei Schritte sind kein Wundermittel, das von sich aus wirkt, sondern sind Aufforderungen, zur rechten Zeit sich zu bewegen.

Bei jedem Menschen sind die Akzente anders verteilt: Der eine tut sich beim Anfangen leicht, der andere mit dem Bleiben, und der Dritte kann leicht lassen. Entscheidend ist, die eigenen Stärken und Schwächen zu erkennen und auszugleichen – und weiterzugehen, den nächsten Schritt zu tun, der ansteht. Erfahrungsgemäß gehört das Lassen zum Schwersten, denn es ist bereits ein Stück vom letzten Lassen, vom Sterben – das aber doch nicht das Ende ist.

Literatur

Doppelfeld, Basilius: Christsein heißt anfangen, Freiburg 1990.

Ders.: Bleiben, Münsterschwarzacher Kleinschriften Band 96, Münsterschwarzach 1996.

Ders.: Lassen, Münsterschwarzacher Kleinschriften, Band 101, Münsterschwarzach 1996.

Pascal, Blaise: Pensèes (Birsfeld – Basel) o.J.

Bonifatius, P.: Sprüche der Väter, Graz 1963.

Nyssen, W. / Miller, B.: Weisung der Väter, Trier 1986.

Die Lebenskunst der Klöster

Münsterschwarzacher Kleinschriften

1	Anselm Grün, **Gebet und Selbsterkenntnis**	1979/2002
2	Basilius Doppelfeld, **Der Weg zu seinem Zelt**	1979
3	Fidelis Ruppert/Anselm Grün, **Christus im Bruder**	1979
4	Pirmin Hugger, **Meine Seele, preise den Herrn**	1979
5	André Louf, **Demut und Gehorsam**	1979
6	Anselm Grün, **Der Umgang mit dem Bösen**	1980/2001
7	Anselm Grün, **Benedikt von Nursia**	1979
8	Pirmin Hugger, **Ein Psalmenlied dem Herrn, Teil 1**	1980
9	Pirmin Hugger, **Ein Psalmenlied dem Herrn, Teil 2**	1980
10	Pirmin Hugger, **Ein Psalmenlied dem Herrn, Teil 3**	1980
11	Anselm Grün, **Der Anspruch des Schweigens**	1980
12	Bernardin Schellenberger, **Einübung ins Spielen**	1980
13	A. Grün, **Lebensmitte als geistl. Aufgabe**	1980/2001
14	Basilius Doppelfeld, **Höre – nimm an – erfülle**	1981
15	Edgar Friedmann, **Mönche mitten in der Welt**	1981
16	Anselm Grün, **Sehnsucht nach Gott**	1982
17	Fidelis Ruppert/Anselm Grün, **Bete und Arbeite**	1982
18	Jean Lafrance, **Der Schrei des Gebetes**	1983
19	Anselm Grün, **Einreden**	1983/2001
22	Anselm Grün, **Auf dem Wege**	1983/2002
23	Anselm Grün, **Fasten**	1984/2001
25	Guido Kreppold, **Die Bibel als Heilungsbuch**	1985
26	A. Louf/M. Dufner, **Geistliche Vaterschaft**	1984
27	M. W. Schmidt, **Christus finden in den Menschen**	1985
29	Grün/Reepen, **Heilendes Kirchenjahr**	1985/2001
30	Durwell, **Eucharistie – das österl. Sakrament**	1985
31	Basilius Doppelfeld, **Mission**	1985
32	Anselm Grün, **Glauben als Umdeuten**	1986
36	Anselm Grün, **Einswerden**	1986
37	Brackenstein Comm., **Regel f. einen neuen Bruder**	1986
39	Anselm Grün, **Dimensionen des Glaubens**	1987
41	Johanna Domek, **Gott führt uns hinaus ins Weite**	1987
44	Anselm Grün/Petra Reitz, **Marienfeste**	1987/2001
45	Johanna Domek, **Segen**	1988
46	Anselm Grün/Michael Reepen, **Gebetsgebärden**	1988
47	Emmanuela Kohlhaas, **Es singe das Leben**	1988
50	Anselm Grün, **Chorgebet und Kontemplation**	1988/2002
52	A. Grün, **Träume auf dem geistlichen Weg**	1989/2001
53	Guido Kreppold, **Die Bergpredigt, Teil 1**	1989

54	Guido Kreppold, **Die Bergpredigt, Teil 2**	1989
57	Grün/Dufner, **Gesundheit als geistliche Aufgabe**	1989/2001
58	Anselm Grün, **Ehelos – des Lebens wegen**	1989
59	Dumitru Staniloae, **Gebet und Heiligkeit**	1990
60	Anselm Grün, **Gebet als Begegnung**	1990/2001
61	Basilius Doppelfeld, **Mission als Austausch**	1990
62	Abeln/Kner, **Kein Weg im Leben ist vergebens**	1990
63	Faricy/Wicks, **Jesus betrachten**	1990
64	Anselm Grün, **Eucharistie und Selbstwerdung**	1990/2002
65	Basilius Doppelfeld, **Ein Gott aller Menschen**	1991
66	Abeln/Kner, **Wie werde ich fertig m. m. Alter?**	1992/2002
67	A. Grün, **Geistl. Begleitung b. d. Wüstenvätern**	1992/2002
68	Anselm Grün, **Tiefenpsych. Schriftauslegung**	1992/2002
69	Basilius Doppelfeld, **Symbole, Teil 1**	1993
70	Basilius Doppelfeld, **Symbole, Teil 2**	1993
71	Anselm Grün, **Bilder von Verwandlung**	1993/2001
72	George F. Simon, **Religiöse Erfahrung, Teil 1**	1993
73	Wunibald Müller, **Meine Seele weint**	1993/2001
74	McDonnell/Montague, **Die Flamme neu entfachen**	1993
75	Herbert Alphonso, **Die persönliche Berufung**	1993
76	Anselm Grün/Gerhard Riedl, **Mystik und Eros**	1993/2001
77	Gabriele Ziegler, **Der Weg zur Lebendigkeit**	1993
78	Basilius Doppelfeld, **Symbole, Teil 3**	1993
79	Fidelis Ruppert, **Der Abt als Mensch**	1993
80	Boniface Tiguila, **Afrikanische Weisheit**	1993
81	Anselm Grün, **Biblische Bilder von Erlösung**	1993/2001
82	A. Grün/M. Dufner, **Spiritualität von unten**	1994
83	Basilius Doppelfeld, **Symbole, Teil 4**	1994
84	Mauritius Wilde, **Ich verstehe dich nicht!**	1994
85	R.Abeln/A.Kner, **Das Kreuz mit dem Kreuz**	1994
86	Fidelis Ruppert, **Mein Geliebter, die riesigen Berge**	1995
87	Basilius Doppelfeld, **Zeugnis und Dialog**	1995
88	Edgar Friedmann, **Die Bibel beten**	1995
89	W. Müller, **Gönne dich dir selbst** – Jetzt als Hardcover!	
90	Fidelis Ruppert, **Urwald und Weisheit**	1995
91	George F. Simons, **Religiöse Erfahrung, Teil 2**	1995
92	Anselm Grün, **Leben aus dem Tod**	1995/2001
93	Anselm Grün, **Treue auf dem Weg**	1995
94	Edgar Friedmann, **Ordensleben**	1995
95	Hermann M. Stenger, **Gestaltete Zeit**	1996
96	Basilius Doppelfeld, **Bleiben**	1996
97	Christian Schütz, **Mit den Sinnen glauben**	1996
98	Karin Johne, **Wortgebet und Schweigegebet**	1996

99 Anselm Grün, **Das Kreuz** 1996
100 A. Grün/A. Seuferling, **Schöpfungsspiritualität** 1996
101 Basilius Doppelfeld, **Lassen** 1996
102 Anselm Grün, **Wege zur Freiheit** 1996
103 Kreppold, **Krisen – Wendezeiten im Leben** 1997/2001
104 Peter Abel, **Gemeinsam Gott erfahren** 1997
105 Heinz Schürmann, **Das Jesusgebet im Kirchenjahr** 1997
106 Anselm Grün, **Exerzitien für den Alltag** 1997/2001
107 Karl-Friedrich Wiggermann, **Das geistliche Wort** 1997
108 F. Ruppert/A. Stüfe, **Der Abt als Arzt ...** 1997
109 Henri Nouwen, **Unser Heiliges Zentrum finden** 1998
110 Georg Braulik, **Zivilisation der Liebe** 1998
111 Wunibald Müller, **Wenn du ein Herz hast ...** 1998
112 Kreppold, **Selbstverwirklich o. Selbstverleugnung?** 1998
113 Basilius Doppelfeld, **Erinnern** 1998
114 Anselm Grün, **Zerrissenheit** 1998/2001
115 Wiggermann, **Spiritualität und Melancholie** 1998
116 Reinhard Körner, **Was ist inneres Beten?** 1999
117 Christa Carina Kokol, **Wie bist du, Gott?** 1999
118 Gabriele Ziegler, **Sich selbst wahrnehmen ...** 1999
119 R.Abeln/A.Kner, **Sieh auf das, was vor dir liegt** 1999
120 Anselm Grün, **Vergib dir selbst** 1999/2001
121 D. Koller, **Trinitarisch glauben, beten, denken** 1999
122 Kreppold, **Träume – Hoffnung für das Leben** 1999/2001
123 Günther Biemer, **Glaubensbekenntnis** 2000
124 Basilius Doppelfeld, **Loslassen und neu anfangen** 2000/2002
125 Abeln/Kner, **Auf der Suche nach Geborgenheit** 2000
126 Pierre Stutz, **Licht in dunkelster Nacht** 2000/2001
127 Wunibald Müller, **Dein Herz lebe auf** 2000/2002
128 Anselm Grün, **Vom Schutz des Heiligen** 2001
129 Guido Kreppold, **Esoterik** 2001
130 Mauritius Wilde, **Der spirituelle Weg** 2001
131 Domek, Metanoia, **12 Schritte a. d. Abhängigkeit** 2001
132 Läpple, **Der überraschende Gott** 2002
133 Johanna Domek, **Die Sehnsucht weiß mehr** 2002
134 Klaus-StefanKrieger, **Gewalt in der Bibel** 2002

VIER-TÜRME-VERLAG
Vier-Türme GmbH, Verlag
Schweinfurter Straße 40 D-97359 Münsterschwarzach Abtei
Telefon 09324/20-292 Telefax 09324/20-495
Bestellmail: info@vier-tuerme.de
www.vier-tuerme.de

Wunibald Müller

Gönne dich dir selbst

Von der Kunst, sich gut zu sein

Gebunden, 100 Seiten
ISBN 3-87868-274-3

»Gönne dich dir selbst!« fordert Wunibald Müller alle auf, die über der Sorge um ihre Arbeit und um andere sich selbst vergessen. Wie finden wir die richtige Balance zwischen Liebe und Arbeit? Wie bleiben wir mit unserer Seele in Berührung? Mit welchen positiven Ritualen können wir unseren Tagesablauf gestalten? Dieses Buch lehrt die Kunst, sich selbst gut zu sein.

Vier-Türme-Verlag
97359 Münsterschwarzach Abtei
Telefon 0 93 24 / 20-292 Telefax 0 93 24 / 20-495
Bestellmail: info@vier-tuerme.de
www.vier-tuerme.de

Anselm Grün

Wenn du Gott erfahren willst, öffne deine Sinne

Halbleinen, 184 Seiten
ISBN 3-87868-159-3

Wie können wir heute Gott erfahren?
»Wenn du Gott erfahren willst,
öffne deine Sinne«, antwortet Anselm Grün.
Wer seine Sinne schärft für das,
was um ihn geschieht, der erfährt Gott:
»Gott zeigt sich uns und spricht zu uns.
Er läßt sich betasten, schmecken und riechen.«
Ein Buch, das zum Leben auffordert.

Vier-Türme-Verlag
97359 Münsterschwarzach Abtei
Telefon 0 93 24 / 20-292 Telefax 0 93 24 / 20-495
Bestellmail: info@vier-tuerme.de
www.vier-tuerme.de

Otto Betz

Die Kostbarkeit der Seele

Texte großer Meister für unseren Alltag

Gebunden, 176 Seiten
ISBN 3-87868-272-7

»Es ist gut, ein Buch bei der Hand zu haben, um sich durch Lesen schnell wieder sammeln zu können«, sagt Teresa von Avila. Kapitel für Kapitel entführen die Worte großer Dichter und spiritueller Meister aus dem Lärm des Alltags. Die einfühlsam von Otto Betz gedeuteten Texte öffnen die Sinne für die Größe der Seele. Sie verführen dazu, innezuhalten und über die Einzigartigkeit der eigenen Existenz nachzudenken.

Vier-Türme-Verlag

97359 Münsterschwarzach Abtei
Telefon 0 93 24 / 20-292 Telefax 0 93 24 / 20-495
Bestellmail: info@vier-tuerme.de
www.vier-tuerme.de